Roy
Lewis

Edward

Zu diesem Buch

Was haben wir Edward nicht alles zu verdanken! Er hat das Feuer vom Berg geholt, den Flintstein perfektioniert, Speer, Pfeil und Bogen erfunden und das Gesicht der Welt verändert. Mit seiner Sippe entsteht das Menschengeschlecht. Sie entdeckt das Handwerk, die Kochkunst, die Malerei, die Liebe und den Swing und kämpft einen heroischen, komischen und noch durchaus unentschiedenen Kampf gegen die Tücken der Evolution.

»Das witzigste Buch seit 500 000 Jahren« wurde dieser Roman genannt. Fachleute haben ihn als fundierteste Einführung in die Anfänge der Menschheit gelobt. Nun kann niemand mehr behaupten, unsere Vorzeit sei grau gewesen.

»Die Lektüre bereitet einen Heidenspaß: Aus der Spannung zwischen Edwards ›moderner‹ Denkungsart und den rohen Lebensumständen, zwischen progressiver Fortschrittsfreudigkeit und sturem Konservativismus speisen sich skurriler Witz und Situationskomik. Die zeitlose Botschaft: Das Genie lebt gefährlich in einer tumben Umwelt.« *Bild der Wissenschaft*

»Edward ... ein Voltaire, ein Diderot, ein Daniel Düsentrieb der Steinzeit. Grandios.« *Buchmarkt*

»Ein Buch, das schnellstens in den Schulunterricht aufgenommen werden sollte, damit Schüler im Geschichtsunterricht nicht immer das Gähnen unterdrücken müssen. Aber auch dem Schulbetrieb entronnene Erwachsene können sich mit diesem Buch einen lustigen Leseschmaus gönnen.« *Die Brücke*

Der Autor

Roy Lewis ist 1913 in England geboren, besuchte die London School of Economics und arbeitete viele Jahre als Auslandskorrespondent der Zeitungen »The Economist« und »The Times«. Roy Lewis lebt heute in London und besitzt einen kleinen Lyrik-Verlag.

Roy
Lewis

Edward

*Roman aus dem
Pleistozän*

Aus dem Englischen von
Viky Ceballos

Unionsverlag
Zürich

Die Originalausgabe erschien 1960
unter dem Titel *What we did to Father*
bei Hutchinson, London.
Die deutsche Erstausgabe erschien 1995
in Zusammenarbeit mit dem
Schönbach Verlag, Basel und Hannover,
im Unionsverlag.

Auf Internet
Aktuelle Informationen
Dokumente über Autorinnen und Autoren
Materialien zu Büchern
Besuchen Sie uns:
http://www.unionsverlag.ch

Unionsverlag Taschenbuch 107

Rieterstrasse 18, CH-8059 Zürich
Telefon 0041-1 281 14 00, Fax 0041-1 281 14 40

Umschlaggestaltung: Heinz Unternährer, Zürich
Illustration: Eric Leonard und Mike Rothenberg
Druck und Bindung: Clausen & Bosse, Leck
ISBN 3-293-20107-5

Die äußersten Zahlen geben die aktuelle Auflage
und deren Erscheinungsjahr an:

3 4 5 6 7 - 04 03 02 01

1

Wenn ein scharfer Nordwind blies und sein eisiger Atem uns daran erinnerte, daß die große Gletscherkappe weiter vorrückte, stapelten wir unsere Holz- und Reisigvorräte vor der Höhle, zündeten ein prasselndes Feuer an und sagten uns, daß die Gletscher noch so weit gegen Süden wandern mochten – sogar bis nach Afrika –, uns konnten sie nichts anhaben, denn wir waren jetzt gewappnet!

Den Nachschub für ein großes Feuer sicherzustellen war allerdings ziemlich anstrengend. Obwohl sich ein zehn Zentimeter dicker Zedernast mit einer anständigen Quarzitklinge in zehn Minuten abschneiden läßt, waren es letztlich die Elefanten und die Mammuts, die uns warm hielten, denn sie hatten die zuvorkommende Angewohnheit, Bäume auszureißen, um die Stärke ihrer Stoßzähne und Rüssel zu testen. Beim Elephas antiquus war dieser Sport verbreiteter gewesen als bei seinem modernen Artgenossen, denn er war noch ganz darauf versessen, sich weiterzuentwickeln. Einem Tier in der Evolutionsphase liegt nichts mehr am Herzen als die Länge seiner Zähne. Die Mammuts aber, die sich als fast perfekt betrachteten, rissen nur noch Bäume aus, wenn sie wütend waren oder den Frauenzimmern imponieren wollten. Während der Brunft brauchten wir also bloß den Herden zu folgen und das Brennholz einzusammeln. In der übrigen Zeit konnte ein gut gezielter Stein hinter das Ohr eines weidenden Mammuts Wunder wirken: Wenn man Glück hatte, versorgte es einen mit Brennmaterial für einen ganzen Monat. Bei den großen

Mastodonten funktionierte dieser Trick unfehlbar. Einen Baobab nach Hause zu schleppen allerdings, das ist ganz schön anstrengend. Er brennt zwar ausgezeichnet, hält einen aber auf hundert Fuß Distanz. Man soll nicht übertreiben. Wenn jedoch der Frost kam und die Gletscher des Kilimandscharo und Ruwenzori unter die Zehntausendfuß-Grenze rückten, waren wir froh um ein schönes Feuer, das tagelang brennt.

In den klaren Winternächten stoben die Funken bis zu den Sternen, das grüne Holz zischte, das trockene Holz prasselte, und unser Feuer leuchtete durchs ganze Rifttal wie eine Riesenfackel. Wenn die Temperatur in den Ebenen tief genug sank und der endlose naßkalte Regen unsere schmerzenden Gelenke knarren ließ, pflegte uns Onkel Wanja zu besuchen.

Schhhh-schhhh-schhhh – hörten wir ihn durch die Baumkronen hangeln, wenn der Urwaldverkehr einen Moment ruhte. Manchmal knackte unheilverkündend ein überladener Ast, dann folgte ein unterdrückter Fluch, der zu einem wirklich tierischen Gebrüll anschwoll – was bedeutete, daß Onkel Wanja hinuntergeplumpst war.

Kurz darauf trat er mit seinem typischen schlenkernden Gang in den Feuerschein: eine massige Gestalt mit langen, fast am Boden schleifenden Armen, einem Quadratschädel zwischen den breiten, haarigen Schultern, blutunterlaufenen Augen und krampfhaft verzogenen Lippen, um ja seine bleckenden Eckzähne vorstehen zu lassen. Er wirkte wie jemand, der gezwungen lächelnd eine todlangweilige Party über sich ergehen läßt. Als ich ein kleiner Junge war, fürchtete ich mich vor ihm. Später entdeckte ich jedoch hinter seinem schrulligen Gehabe – unter dem in Wirklichkeit er am meisten litt – einen liebenswürdigen Kerl, der immer ein paar Wacholderbeeren oder eine Handvoll Feigen für einen Jungen übrig hatte, der sich – wie er naiv glaubte – von der natürlichen Wildheit seines Auftretens beeindrucken ließ.

Doch wie er redete! Argumentierte!

Er grüßte kaum, nickte Tante Mildred kurz zu, hielt schnell seine klammen, blaugefrorenen Hände über das Feuer, um dann gleich wie ein Nashorn mit gesenktem Kopf auf Vater zuzusteuern, seinen langen Zeigefinger anklagend auf die ganze Welt gerichtet, als wolle er uns allesamt aufspießen. Und legte los. Vater ließ den Schwall Anschuldigungen geduldig über sich ergehen. Wenn Onkel sich etwas beruhigt, vielleicht ein paar Aepiornitheseier oder zwei, drei Durians gegessen hatte, ging Vater zum Gegenangriff über. Er parierte Onkel Wanjas Schläge mit sanften, ironischen Einwänden, gestand seine Freveltaten freimütig ein und münzte sie in Verdienste um, was bei Onkel Wanja sprachlose Verblüffung hervorrief.

Ich glaube, die beiden waren einander im Grunde sehr zugetan, obwohl sie sich ihr Leben lang stritten. Aber wie hätte es anders sein können? Schließlich waren sie aufrichtige Pithekanthropi mit unerschütterlichen Prinzipien, an die sie sich ebenso unerschütterlich hielten, bloß daß diese Prinzipien in jeder Beziehung diametral entgegengesetzt waren. Jeder ging unbeirrt seinen Weg, fest davon überzeugt, daß der andere sich in einem verhängnisvollen Irrtum befand hinsichtlich der Richtung, in der die anthropoide Spezies sich zu entwickeln hatte. Doch ihre persönlichen, wenn auch meist stürmischen Beziehungen blieben davon unberührt. Sie diskutierten, sie schrien sich an, aber zu

Handgreiflichkeiten kam es nie. Obwohl Onkel Wanja uns gewöhnlich wutschnaubend verließ, kehrte er immer wieder zurück.

Beim ersten Streit zwischen den im Aussehen und Gebaren so ungleichen Brüdern, an den ich mich erinnern kann, ging es um die grundsätzliche Frage, ob es zweckmäßig sei, in kalten Nächten ein Feuer zu haben. Ich kauerte in respektvollem Abstand vor dem verwundeten, funkensprühenden, gefräßigen roten Ding und sah zu, wie Vater es mit bewunderungswürdiger Nonchalance fütterte. Die schwatzenden Frauen hockten eng beieinander und lausten sich gegenseitig; meine Mutter, wie immer etwas abseits, starrte mit ihren dunklen, verträumten Augen zu Vater und dem Feuer hinüber, während sie den Brei für die entwöhnten Kinder kaute. Dann stand plötzlich Onkel Wanja da, eine drohende Gestalt, die mit Weltuntergangsstimme sprach: »Du hast es also tatsächlich geschafft, Edward«, polterte Onkel Wanja los. »Ich hätte es mir denken können, daß es früher oder später geschehen würde, aber ich war so naiv zu glauben, daß es auch für deinen Wahnsinn Grenzen gibt. Ich habe mich natürlich geirrt! Ich brauche dir bloß eine Stunde lang den Rücken zu kehren, und schon stellst du neuen Unsinn an. Und jetzt das! Edward, habe ich dich nicht gewarnt? Habe ich dich als älterer Bruder nicht angefleht, in dich zu gehen? Dein Verhalten zu überdenken, bevor du dich und deine ganze Familie in eine nicht wiedergutzumachende Katastrophe stürzt? Ich warne dich mit zehnfachem Nachdruck: Hör auf, Edward. Hör auf, bevor es zu spät ist, hör auf – wenn es nicht schon zu spät ist …«

Onkel Wanja mußte Luft holen, bevor er den pathetischen, aber offenbar schwer abzuschließenden Satz zu Ende führte, was Vater nutzte, um ihm ins Wort zu fallen.

»Was war los, Wanja? Wir haben dich eine ganze Weile nicht gesehen. Komm, wärm dich, alter Junge. Wo hast du bloß die ganze Zeit gesteckt?«

Onkel machte eine ungeduldige Handbewegung. »Gar nicht weit weg. Ein ziemlich schlechtes Jahr für die Früchte und Gemüse, aus denen meine Kost hauptsächlich besteht ...«

»Ich weiß, ich weiß«, sagte Vater teilnahmsvoll. »Sieht ganz so aus, als ob wir einer interpluvialen Zeit entgegengehen. Ich habe festgestellt, daß die Dürre sich ausbreitet.«

»Wie auch immer. Kein Grund zur Sorge«, antwortete Onkel Wanja mürrisch. »Im Wald gibt es noch eine ganze Menge zu essen, man braucht bloß die Augen aufzumachen. In meinem Alter muß man sich bekömmlich und artgerecht ernähren, also habe ich mich wie jeder vernünftige Primat ein bißchen umgesehen ... Ich bin bis in den Kongo vorgedrungen, wo es für jedermann Nahrung in Hülle und Fülle gibt, ohne daß man so tun muß, als hätte man die Zähne eines Leoparden, den Magen einer Ziege oder die Vorlieben und Manieren eines Schakals, Edward!«

»Jetzt übertreibst du aber, Wanja«, protestierte Vater.

»Ich bin gestern zurückgekommen«, fuhr Onkel Wanja fort, »hatte aber ohnehin die Absicht, euch zu besuchen. Und als es dunkel wurde, wußte ich gleich, daß irgend etwas nicht stimmt. Soweit mir bekannt ist, gibt es elf Vulkane in dieser Gegend, Edward. Elf, nicht zwölf! Ärger im Anzug, habe ich mir gesagt, und mir schwante, daß nur einer dahinterstecken konnte. Mit

Angst im Herzen und entgegen jeglicher Hoffnung hoffend bin ich herbeigeeilt … Ich habe mich also nicht geirrt. Privatvulkane! Auch das noch. Du hast es also tatsächlich geschafft, Edward!«

Vater grinste verschmitzt. »Ist das dein Ernst, Wanja? Sind wir deiner Meinung nach tatsächlich am Wendepunkt angelangt? Ich habe es mir auch überlegt, aber wie soll man sicher sein? Es ist zweifellos ein Wendepunkt im Aufstieg des Menschen, aber ob es wirklich *der* Wendepunkt ist?« Vater kniff die Augen in gespielter Verzweiflung zusammen, was für ihn typisch war in gewissen Situationen.

»Wie soll ich wissen, ob es ein Wendepunkt oder *der* Wendepunkt ist«, schimpfte Onkel Wanja. »Ich maße mir nicht an zu wissen, was du zu tun glaubst, Edward. Typisch, dich selbst übertreffen zu wollen. Laß es dir gesagt sein: Dies hier ist das perverseste und widernatürlichste …«

»Widernatürlich, hast du gesagt?« unterbrach ihn Vater aufgeregt. »Wenn dem so sein sollte, Wanja, dann gäbe es das künstliche Element im subhumanen Leben schon seit der Einführung des Steinwerkzeugs. Vielleicht war das der entscheidende Schritt! Und dies hier ist bloß die logische Weiterentwicklung. Übrigens, du benützt doch auch Flintsteine, oder? Also …«

»Darüber haben wir schon tausendmal diskutiert«, fiel ihm Onkel Wanja ins Wort. »In vernünftigem Maße eingesetzt, verstoßen Werkzeuge und Geräte nicht gegen die Naturgesetze. Die Spinnen fangen ihre Beute mit dem Netz; die Vögel bauen zweckmäßigere Nester als wir; und wer weiß, wie oft die Affen eine Kokosnuß auf deinen Dickschädel hinuntergeworfen haben. Oder etwa nicht? Das erklärt vielleicht deine Hirngespinste.

Erst vor ein paar Wochen habe ich gesehen, wie eine Horde Gorillas ein paar Elefanten mit Knüppeln angegriffen hat – Elefanten, stell dir das vor! Mit Holzknüppeln. Ich bin bereit, schlicht behauene Kiesel als natürliches Werkzeug anzusehen, vorausgesetzt, man wird mit der Zeit nicht allzu abhängig davon und versucht nicht, sie unnötig zu vervollkommnen. Ich bin nicht reaktionär, Edward, ganz gewiß nicht. Aber das hier …! Das ist etwas ganz anderes. Wohin soll das bloß führen? Es betrifft uns alle. Sogar mich. Du könntest ja den ganzen Wald abbrennen damit. Was soll dann aus mir werden, frag ich dich?«

»Keine Sorge, ich glaube nicht, daß es so weit kommt, Wanja«, beruhigte ihn Vater.

»Du glaubst nicht …! Sag mal, Edward, hast du das Ding überhaupt im Griff?«

»Hm … mehr oder weniger. Mehr oder weniger, weißt du …«

»Was meinst du mit mehr oder weniger? Entweder du hast es im Griff, oder du hast es nicht im Griff. Spiel nicht den Klugscheißer. Kannst du es löschen zum Beispiel?«

»Wenn man es nicht füttert, geht es von selbst aus«, verteidigte sich Vater.

»Edward, ich warne dich! Du hast etwas in Gang gesetzt, was du möglicherweise nicht mehr kontrollieren kannst. Es geht von selbst aus, wenn man es nicht mehr füttert? Großartig. Und wenn es eines Tages beschließt, sich selbst zu füttern? Was dann?«

»Es ist noch nicht vorgekommen«, brummte Vater verärgert. »Tatsache ist, daß ich die ganze Zeit nichts anderes tue, als es zu füttern, vor allem in Regennächten.«

»Da kann ich dir bloß raten, gleich damit aufzuhören, bevor du eine Kettenreaktion auslöst. Wie lange spielst du nun schon mit dem Feuer?«

»Ich habe es vor ein paar Monaten entdeckt. Weißt du, Wanja, es ist ein faszinierendes Ding. Es eröffnet ungeahnte Möglichkeiten. Ich will damit sagen, man kann eine Unmenge damit anfangen. Weit mehr als bloß die Höhle zentral beheizen, was im übrigen an sich schon ein großer Schritt vorwärts ist. Ich habe erst damit angefangen, verschiedene Anwendungsmöglichkeiten zu studieren. Nimm den Rauch zum Beispiel: Ob du es glaubst oder nicht, er erstickt Fliegen und hält die Mücken fern. Natürlich ist das Feuer ein brenzliges Ding. Es läßt sich schwer transportieren. Es ist unersättlich, frißt wie ein Bär. Es kann frech werden und schmerzhaft zuschnappen, wenn man nicht aufpaßt. Vor allem aber, es ist absolut neu! Es eröffnet ungeahnte Perspektiven in …«

Ein Aufschrei unterbrach seine Ausführungen. Onkel Wanja hüpfte verzweifelt auf einem Fuß herum. Er war, ohne es zu merken, auf ein rotglühendes Stück Holz getreten, und ich beobachtete von meinem Platz aus gespannt, was geschehen würde; doch er war so in die Diskussion mit Vater vertieft, daß er weder das Zischen noch den seltsamen Geruch bemerkt hatte. Jetzt hatte die Glut seine Hornhaut durchgenagt und ihn in die nackte Ferse gebissen.

»Auaaa!« brüllte Onkel Wanja. »Verdammt, Edward! Es hat mich gebissen! Da siehst du, wohin deine höllischen Erfindungen führen. Auaaa! Was habe ich gesagt? Es wird euch noch alle auffressen. Sitzt auf einem Vulkan, jawohl! Ich bin fertig mit dir, Edward! Du wirst vernichtet werden, in Null Komma nix, du und deine ganze Sippe. Das hast du davon. Auaaa! Ich kehre auf die Bäume zurück. Du bist einen Schritt zu weit gegangen diesmal, Edward! Genau wie seinerzeit der Brontosaurus!«

Darauf verschwand er humpelnd im Wald.

Back to the trees! Sein heulender Schlachtruf war eine gute Viertelstunde lang zu hören.

»Wenn du mich fragst ... ich glaube, es ist Wanja, der einen Schritt zu weit gegangen ist«, sagte Vater zu Mutter, während er sorgfältig mit einem Laubzweig die Erde um die Feuerstelle sauberfegte.

2

Nichtsdestotrotz kehrte Onkel Wanja viele Male zurück, um seine Warnungen zu wiederholen – vor allem in kalten oder regnerischen Nächten. Seine bösen Ahnungen ließen sich auch durch unsere offensichtlichen Fortschritte in der Handhabung des Feuers nicht zerstreuen. Wenn wir ihm vorführten, wie es sich mit Wasser löschen ließ, wie es sich in mehrere Feuer zerstückeln ließ wie ein Aal, wie man es an der Spitze dürrer Zweige transportieren konnte, schnaubte er bloß verächtlich. Obwohl all diese Experimente von Vater genauestens überwacht wurden, verurteilte Onkel Wanja sie samt und sonders: Naturwissenschaftliche Bildung bestand für ihn ausschließlich aus Botanik und Zoologie, und er war entschieden dagegen, auch Physik in den Evolutionsplan miteinzubeziehen.

Wir hingegen stellten uns sehr schnell darauf ein. Die Frauen traten am Anfang zwar nicht rasch genug zur Seite und verbrannten sich. Und eine Zeitlang schien es, als würde die jüngste Generation überhaupt nicht überleben. Vater war jedoch der Ansicht, daß jeder aus den eigenen Fehlern lernen müsse. »Ein gebranntes Kind scheut das Feuer«, pflegte er vertrauensvoll zu sagen, wenn ein weiteres Baby in lautes Geheul ausbrach, weil es einen »Leuchtkäfer« hatte fangen wollen.

Er behielt recht.

Schließlich waren das alles Bagatellen im Vergleich zu den Nutzen. Unser Lebensstandard stieg und stieg bis ins Unvorstellbare. Bevor wir Feuer hatten, lebten wir äußerst bescheiden. Wir waren von den Bäumen heruntergestiegen, wir besaßen die Steinaxt, das war ungefähr alles, und jeder Zahn, jede Klaue, jedes Horn in der Natur war offensichtlich auf uns gerichtet. Wir betrachteten uns zwar als Bodengänger, doch wenn wir in eine Sackgasse gerieten, mußten wir hin und wieder trotzdem auf die Bäume flitzen. Wir ernährten uns noch vorwiegend von Beeren, Wurzeln und Nüssen; um unseren Proteinbedarf zu decken, griffen wir nicht ungern auf fette Raupen oder Maden zurück. Es mangelte uns beständig an nährstoffreicher Nahrung, obwohl wir für unsere physische Evolution dringend darauf angewiesen waren. Einer der wichtigen Gründe, den Wald zu verlassen, war die zwingende Notwendigkeit, unseren Speisezettel mit einem anständigen Stück Fleisch zu bereichern. In den Ebenen gab es jede Menge Fleisch – das Problem war nur, daß es durchweg vierbeinig war. In den weiten Steppen wimmelte es nur so von Jagdwild: von großen Bisonherden, Büffeln, Impalas, Spießböcken, Weißschwanzgnus, Kamas, Antilopen, Gazellen, Zebras und Pferden, um nur die zu nennen, die wir allzugern zum Lunch gegessen hätten. Doch vierbeiniges Fleisch zu jagen, wenn man selbst noch etwas Mühe hat, auf zwei Beinen zu gehen, ist keine einfache Sache; wir waren ja gezwungen, uns aufzurichten, um das hohe Savannengras überblicken zu können. Selbst wenn wir ein großes Huftier erwischten – was konnten wir damit anfangen? Es malträtierte einen mit Fußtritten. Manchmal gelang es uns, ein lahmes Tier einzuholen, aber es ging unweigerlich mit den Hörnern auf einen los. Um es zu Tode zu steinigen, brauchte es eine ganze Horde von Affenmenschen. Mit einer Horde kann man Wild umzingeln und zur Strecke bringen; aber um eine Horde zusammenzuhalten, braucht es regelmäßigen, reichlichen Nahrungsnachschub. Das ist der älteste Teufelskreis der Ökonomie: Um Beute zu erjagen, braucht es ein Team von Jägern. Um ein Team zu ernähren, ist man auf regelmäßige Beute angewiesen, denn sonst sind die Essenszeiten so unregelmäßig, daß man nur eine kleine Gruppe, höchstens drei oder vier, ernähren kann.

Wir mußten daher ganz unten anfangen und uns mühsam, Schritt um Schritt, nach oben arbeiten. Wir begannen mit Kaninchen, Klippdachsen und kleineren Nagern, die man problemlos mit einem Stein erlegen kann. Wir studierten die Gewohnheiten von Fluß- und Landschildkröten, von Eidechsen und Schlangen. Mit einem Steinmesser kann man Niederwild relativ mühelos zerlegen – wenn es tot ist. Ohne die kräftigen Eckzähne der Karnivoren lassen sich die schmackhaftesten Teile zwar nur schwer in Stücke reißen, aber man kann sie zumindest mit Steinen weichklopfen, bevor man sie mit den Backenzähnen zerkaut, die ursprünglich für eine ausschließlich vegetarische Ernährung vorgesehen waren. Weiches Fleisch schmeckt im allgemeinen nicht besonders, aber wer sein Gehirn fit halten will und hungrig ist vor lauter auf den Hinterbeinen stehen, kann es sich gar nicht leisten, genäschig zu sein. Wir stritten uns um die zarten Stücke und bevorzugten schleimige Tiere, weil sie unsere Zähne und unsere Verdauung schonten.

Ich bezweifle, daß sich heute noch viele daran erinnern, was für qualvolle Verdauungsstörungen wir in den Gründerzeiten erleiden mußten – und wie viele Opfer sie forderten. Unsere Stimmung wurde ständig durch Magenschmerzen versauert. So ist die finstere, mürrische Grimasse anthropoider Pioniere der Urzeit viel eher auf den Zustand ihrer Magenschleimhaut als auf ihre Verdrießlichkeit oder Wildheit zurückzuführen. Bei chronischem Dickdarmkatarrh verfinstert sich das sonnigste Gemüt. Ein Irrtum zu glauben, wir hätten problemlos alles verschlungen, so widerlich und zäh es auch sein mochte, nur weil wir eben erst von den Bäumen herabgestiegen und daher »der Natur näher« waren. Im Gegenteil! Von rein vegetarischen Eßgewohnheiten – was damals fast ausschließlich Früchtekost bedeutete – auf eine vielseitige Ernährung überzugehen ist ein schwieriger und schmerzhafter Prozeß, der unsägliche Geduld und hartnäckige Ausdauer verlangt, bis man herausfindet, wie man Dinge hinunterwürgt, die einen nicht nur anekeln, sondern einem auch noch schlecht bekommen. Nur mit unerbittlichem Ehrgeiz, erbarmungsloser Selbstdisziplin und dem Wunsch, sich in der Natur einen besseren Platz zu sichern, kann man diese Übergangsphase durchhalten. Ich will nicht bestreiten, daß man zwischendurch unerwartet auf kleine Leckerbissen stößt, aber das Leben besteht nicht nur aus Schnecken und Bries. Hat man sich einmal vorgenommen, sich ausgewogen zu ernähren, muß man eben lernen, alles zu essen, und in Zeiten, in denen man nie weiß, woher die nächste Mahlzeit kommt, muß man zudem alles aufessen. Nach dieser Regel wurden wir als Kinder strikt erzogen; ein Kind, das maulte, »Mummy, ich mag keine Kröten«, forderte die Ohrfeige heraus. »Iß auf, das ist gesund« – das war der Leitspruch meiner Kindheit, und er stimmt: Die Natur, wunderbar anpassungsfähig, härtete unsere kleinen Eingeweide ab und brachte sie dazu, Unverdauliches zu verdauen.

Erinnern wir daran, daß wir auf dem Weg zum Fleischfresser kauen, stundenlang kauen mußten und daher all die ungewohnten, nahrhaften Dinge im wahrsten Sinne des Wortes kosteten. Die Karnivoren hingegen – die großen Raubkatzen, die Wölfe und Hunde, die Krokodile – reißen ihr Fleisch einfach in Stücke und schlucken es, egal ob Schulter, Rumpsteak, Leber oder Kutteln. Wir aber konnten unser Essen nicht einfach hinunterschlingen. »Kau hundertmal, bevor du schluckst« – eine weitere Devise unserer Kindheit, die auf der Gewißheit beruhte, daß uns grimmige Bauchschmerzen bevorstanden, wenn wir uns nicht daran hielten. Wie widerlich der Bissen auch sein mochte: In den Urzeiten mußte er durch Mund und Gaumen genauestens untersucht werden. Hunger war unser bester Koch – und Hunger hatten wir in Hülle und Fülle.

Daher blickten wir neidvoll auf die üppigen Fleischgelage der Löwen und Säbelzahntiger, die ihre Beute nicht nur mit größter Leichtigkeit fingen, sondern auch noch heiklig waren und drei Viertel eines Kadavers den Geiern und Schakalen überließen. Wir waren darum sehr darauf erpicht, wenn immer möglich in der Nähe einer Löwenjagd zu sein, um mit Geiern und Schakalen die Reste zu teilen. Mit unseren gutgezielten Steinwürfen und zugespitzten Stöcken fühlten wir uns ihnen zwar ebenbürtig, geschenkt wurde uns jedoch nichts. Zu den besten Mahlzeiten kamen wir durch sorgfältige Beobachtung der Aasgeier, mit denen wir dann um die Wette zum Tatort liefen. Als Aassammler hat man den Nachteil, daß man sich in der Nähe des Jägers aufhalten muß – vor allem dann, wenn der hungrig ist. Was wiederum bedeutet, daß man Gefahr läuft, ihm die Mahlzeit zu liefern.

Und dieses Risiko war groß. Schakale und Hyänen können rennen, Geier können fliegen, doch der arme

Affe war eben erst von den Bäumen herabgestiegen und konnte sich nur mit größter Behutsamkeit in den Ebenen fortbewegen. Vielen behagte dieses gefährliche Leben ganz und gar nicht. Sie gaben sich mit fadem Kleinwild und spießigem Umgang zufrieden, mehr konnten sie sich nicht leisten. Die Bestgenährten, die Größten und Wagemutigsten waren zweifellos jene, die den großen Wildkatzen folgten – den Löwen, Säbelzahntigern, Leoparden, Geparden, den Luchsen und wie sie alle heißen – und ausgiebig speisten, wenn die Jäger die Tafel verließen. Ein gefährlicher Beruf. Wobei jene, die dessen Vorteile schätzten, immer behaupteten, daß Raubkatzen so oder so Primatenfleisch äßen, allein schon der Abwechslung wegen; wenn man sich ständig in ihrer Nähe aufhalte, sei das Risiko, selbst gejagt zu werden, nicht wesentlich größer, dafür lerne man eine Menge über ihre Gewohnheiten, was notfalls erlaube, einen möglichen Angriff abzuwehren. Wer gelegentlich um sein Leben rennt, ist zumindest gut ernährt und in Form. Das wichtigste ist, herauszufinden, wann ein Löwe hungrig ist und wann er es nicht ist. Mögliche Risiken können allein schon durch Beachtung dieses Punktes reduziert werden. Es wird behauptet, die Jagd mit dem Löwen habe den Löwen auf unseren Geschmack gebracht. Die Jäger der ersten Stunde bestritten das aufs heftigste und waren höchst beleidigt, wenn jemand auch nur andeutungsweise behauptete, sie seien bloß Parasiten der höher entwickelten Fleischfresser gewesen. Eines muß man ihnen zugestehen, denke ich: Sie haben eine ganze Menge von den Raubtieren gelernt, was der Menschheit von dauerndem Nutzen ist.

Wie gesagt, wir konnten von den Karnivoren einiges lernen, gewachsen waren wir ihnen nicht. Wir getrauten uns nicht, ihnen über den Weg zu laufen. Sie waren die Krone der Schöpfung, ihr Wille war uns Gesetz. Sie hielten unsere demographische Entwicklung im Griff, und wir konnten wenig dagegen unternehmen – außer auf die Bäume zurückkehren und das Ganze als Fehlschlag betrachten. Vater jedoch war zutiefst davon überzeugt, daß wir auf dem rechten Weg seien, also konnte keine Rede davon sein – ausgenommen für Typen wie Onkel Wanja natürlich. Vater vertraute mit heiterer Gelassenheit darauf, daß irgendwann irgend etwas geschehen würde, was unserem Schicksal eine Wende gäbe. Also setzten wir unsere ganze Hoffnung auf den Faktor Intelligenz, auf ein großes Hirn und einen großen Schädel, in dem es Platz hat; wir durften uns nicht beirren lassen und mußten uns solange schlecht und recht durchs Leben schlagen und möglichst unsere zwei Beine trainieren.

»Es gibt keinen ersichtlichen Grund, warum ein Affenmensch es nicht fertigbringen sollte, in zehn Sekunden hundert Meter zu laufen, über einen sieben Fuß hohen Dornbusch zu springen und den Speer fünfzehneinhalb Fuß weit zu werfen«, hörte ich Vater wiederholt sagen, »mit Bizeps und einem anständigen Anlauf schwingt man sich von Ast zu Ast und zieht sich in neunzig von hundert Fällen aus der Affäre.«

Was er mehr als einmal bewies.

Das war alles gut und schön, aber es löste das Hauptproblem nicht und ersparte uns auch nicht zahllose tägliche Unannehmlichkeiten, die sich nicht vermeiden lassen, wenn Raubkatzen die herrschende Klasse ausmachen. Das Wohnungsproblem war eine der größten Sorgen. Jede Affenfrau wünscht sich ein anständiges Zuhause, wo sie ihre Familie aufziehen kann; ein wirkliches Heim, behaglich, warm – und vor allem trocken. Niemand wird abstreiten wollen, daß damit grundsätzlich eine Höhle gemeint ist. Das Problem der immer länger dauernden Kindheit, die stetig zunehmenden Erziehungsanfordernisse – ein Hauptcharakteristikum unserer Spezies –, das alles läßt sich nur durch den Besitz einer eigenen Höhle lösen. Hoch oben in einer Astgabel ist man zwar verhältnismäßig sicher, aber man muß rittlings schlafen und sich gleichzeitig am darüberliegenden Ast festhalten; jeder, der es einmal versucht hat – auch in unseren aufgeklärten Tagen gibt es kaum jemand, der nicht irgendwann von der Dunkelheit überrascht worden ist –, weiß, wie äußerst unbequem das ist. Selbst Schimpansen fallen herunter, wenn sie einen Alptraum haben – dieses entsetzliche Gefühl, zu fallen, um beim Aufwachen zu entdecken, daß man nicht geträumt hat. Für eine Frau ist es noch schlimmer, denn an ihr hängen meistens ein bis zwei Kinder, was im übrigen immer unmöglicher wird, seit die Jungen den ererbten Klammerreflex im zartesten Alter verlieren, weil die Frauen neuerdings das Brusthaar kurz tragen.

Man kann natürlich am Boden ein Nest machen. Der Nesttrieb ist ein weitverbreiteter Instinkt; und selbst wenn dem nicht so wäre, könnte man von den Vögeln lernen. Ein kleines, kuscheliges Nest läßt sich aus jedem geeigneten Material, wie etwa Bambus oder Palmwedel, in wenigen Stunden flechten. Falls der Platz knapp wird, kann man innerhalb einer Woche aus Ästen und Zweigen ein stattliches Wohnnest bauen, in dem man nachts sogar die Glieder strecken kann. Aber schwere Regengüsse wird es nicht überstehen und schützt nicht einmal vor leichten Leoparden. Man kann es noch so sorgfältig mit Blättern tarnen, noch so geschickt in den

Büschen verstecken: Wer Pech hat, holt sich Rheuma und verliert den Jüngsten.

Jede Affenfrau wünscht sich eine Höhle, und sei sie noch so klein, wünscht sich ein Dach über dem Kopf, einen soliden Felsen im Rücken und eine schmale Öffnung, vor die sie sich notfalls stellen kann, um mit einigermaßen Aussicht auf Erfolg ihre Jungen zu schützen. Sie kann den Eingang auch mit einem Baum verbarrikadieren, und vielleicht findet sich sogar im Innern eine erhöhte Nische, die ihr als Versteck für das Baby oder als Speisekammer dient. Die Tiere wissen das natürlich ebensogut wie wir, Bären ebenso wie Löwen oder Säbelzahntiger. Genügend Höhlen für alle gibt es nie. Zwar ließen sich die meisten bis unter die Decke mit obdachlosen Familien verschiedenster Gattungen füllen, aber wer, außer Schlangen vielleicht, ist schon bereit zu teilen?

Wenn eine Höhle von einer Raubkatze besetzt war, war nichts zu machen, das merkten wir schnell. Und wenn wir eine Höhle gefunden hatten und eine Raubkatze darauf Anspruch erhob, blieb uns nichts anderes übrig, als zusammenzupacken und zu verduften. Was für die Frauen erst recht Anlaß zum Jammern war.

Und wie. Sie hörten und hörten nicht auf damit. Ihr Lieblingsthema waren Höhlen: hübsche kleine Höhlen, die sie einst bewohnt hatten – bis ihre Männer es zuließen, daß ein brutaler Kerl von einem Bär sie daraus vertrieb. Wunderbare, trockene, geräumige Höhlen in der näheren Umgebung wären zu haben, wenn endlich mal jemand auf die Frauen hörte, man brauchte bloß eine kleine Löwenfamilie ein paar Meilen weit zu vertreiben, dort gäbe es doch jede Menge Höhlen. Komfortable Höhlen, in denen überhaupt keine Löwen hausten, seien durchaus zu finden, man müßte sich bloß etwas umsehen ... anstatt sich ständig damit herauszureden, man sei voll damit beschäftigt, den ganzen Tag Steine zu klopfen. Und dann ... die Dürftigkeit der Höhle, in der sie jetzt wohnten, die verdiente ja den Namen Höhle nicht, kaum mehr als ein Unterstand, nur eine überhängende Klippe, in die der Wind den Regen hineinblies, kein Wunder, daß der Jüngste so schrecklich huste ...

Es ist leider allzu wahr, daß wir nachts oft kalt und naß und hungrig waren und obendrein verängstigt, denn die Dunkelheit gehörte dem dumpfen Brüllen des pirschenden Löwen oder dem Kläffen ganzer Hunderudel, die einer Fährte folgten. Man lauschte ... hörte den Feind näher und näher kommen ... drängte sich an den armseligen Felsen, von dem immer und ständig und niemand weiß warum ein eisiger Bach herunterfloß. Die Frauen preßten die Kinder an sich, die Männer umklammerten ihre Äxte oder Stöcke, und selbst die Halbwüchsigen hielten einen Stein wurfbereit in der Hand. Näher und näher kam die Jagd ... dann der Schrei eines gerissenen Hirsches, und man wußte, daß man selbst noch einmal davongekommen war. Eine Stunde oder zwei Stunden im unruhigen Schlaf ... Und die Jagd erwachte von neuem. Feurige Augen starrten aus dem dunklen Urwald auf unsere kleine Horde ... blitzten auf, verschwanden, näherten sich der kläglichen Palisade aus zugespitzten Stöcken, die unser Lager verteidigen sollte und uns im besten Fall ein paar Sekunden Vorsprung verschaffte, uns ermöglichte, einen Stein zu schleudern oder mit dem Stock zuzustechen ... und schon krachte der riesige Körper mit glühenden Augen und aufgerissenem Rachen auf uns herab, während triumphierendes Gebrüll zu einem Crescendo anschwoll. Wir stürzten uns mit einem trotzigen Aufschrei in den Kampf. Und dann herrschte nur noch ein riesiges Durcheinander: durch die Luft wirbelnde Knüppel, fliegende Steine, zuschnappende Rachen, schnellende Pranken, rasierklingenscharf, die nackte Schenkel und Bäuche aufschlitzten. Plötzlich war der Räuber weg und ließ uns zerschlagen und blutend zurück – und eines der Kleinen wurde vermißt.

Soviel zum Thema Intelligenz gegen geballte Muskelkraft und einziehbare Krallen. Wir wehrten hin und wieder sogar einen Frontalangriff ab. Manchmal versteckten wir uns auf einem unzugänglichen Felsvorsprung (was entsprechend unbequem war) und schleuderten dem zornigen, aber machtlosen Angreifer unser noch rudimentäres Fluchvokabular ins Gesicht. Ein gutgezielter Stein konnte Wunder bewirken, und der Räuber verzog sich unter heftigen Kopfschmerzen. Einmal, erinnere ich mich, töteten wir einen mordlustigen Säbelzahntiger und verspeisten ihn auf der Stelle. Sein Säbel war schlicht in einem Fell steckengeblieben; er hatte wohl angenommen, wir seien lauter Filetstücke. Am lebhaftesten in Erinnerung geblieben sind mir jedoch die langen Nächte, die wir dicht aneinandergedrängt an einem ungeschützten Ort verbrachten, angstvoll auf das näherkommende Brüllen des Feindes wartend, auf die glühenden Augen, den Angriff.

Man konnte nichts anderes tun, als mit trockenem Mund und hohlem Magen, mit pochendem Herzen und sprungbereiten Beinen in die Nacht hinaus zu lauschen. Lange schlaflose Nächte in der kalten Jahreszeit, wenn wir das Gefühl hatten, von zahllosen Karnivorenrudeln gejagt zu werden. Die Männer, auf der Stelle getötet oder lebensgefährlich verwundet, wurden immer weniger; an vorderster Front standen nun Knaben. Und der Feind gab keine Ruhe!

Und dann, eines Nachts, fehlte auch Vater.

Er hatte an jenem Tag den Schauplatz des Grauens inspiziert, den die Schlacht der vorangehenden Nacht hinterlassen hatte. Sein Gesicht war grau vor Müdigkeit und von Kummer gezeichnet. Dann wandte er sich um, sagte bloß: »Bis heut abend. Hab etwas Wichtiges zu erledigen …« Und verschwand im Wald.

Mutter seufzte tief; sie schaute kaum auf, während sie die tiefe Schulterwunde meines Bruders mit Blättern und einer der abgestreiften Schlangenhäute verband, die sie für solche Notfälle aufbewahrte. In jener Nacht hatte sie Pepita, meine jüngste Schwester, verloren. Als es Nacht wurde, war Vater immer noch nicht zurück. Er hatte jeweils vor Einbruch der Dunkelheit die Verstärkung unserer Barrikaden oder den Wiederaufbau überwacht und dafür gesorgt, daß alle etwas zu essen bekamen, wenn auch bloß ein paar Wurzeln und Beeren. Er hatte die Äxte inspiziert und die Speerspitzen geschärft. Jeder von uns wußte, was seine Abwesenheit bedeutete: eine Auseinandersetzung mit einem Mammut, eine unliebsame Begegnung mit einem Krokodil … Und wir machten uns niedergeschlagen daran, die notwendigen Vorkehrungen zu treffen, wie er es uns gezeigt hatte. Schließlich ging die schmale Mondsichel zwischen den Sternen auf. Und der Alptraum fing wieder von vorn an.

Sie kamen …

Starrten uns mit glühenden Augen an …

Schlichen um uns herum und gingen weiter …

Heulten dem Mond ihren Hunger entgegen …

Verschwanden und jagten und kehrten wieder zurück …

Halt … was war das?

Ein unbekanntes einäugiges Tier in der Ferne kam auf uns zu.

Träumte ich?

Es war eine riesige Echse mit einem feurigen Vulkan auf der Stirne. Ich sah, wie sie auf uns zukam, unaufhaltsam, ein mächtiges gepanzertes Ungeheuer. Es würde uns, ohne mit der Wimper zu zucken, verschlingen, und unsere unerträglichen Qualen hätten endlich ein Ende. Näher und näher kam es, wurde größer und größer, heller und heller … Nichts würde es davon abhalten, uns zu verschlingen, bevor noch Löwen und Leoparden sich die schmackhaftesten Bissen holten oder ein ausgehungertes Wolfsrudel über uns herfiel. Sämtliche Zähne des Urwalds schnappten bereits nach unserer Barrikade, als …

Als das fremde Tier – plötzlich klein und quirlig, braun und zweibeinig – ein rotes Loch in die Dunkelheit der Nacht riß und in unsere Mitte sprang.

Es war Vater!

Er hielt seine Hand in die Höhe. Und was war in seiner Hand? In einem Stock gefangen, flackernd und bedrohlich rauchend, den Urwald zurückdrängend und uns den Fängen des Löwen entreißend?

Feuer!

3

Am nächsten Morgen verließen wir, eine kleine durchnäßte Prozession mit Vater an der Spitze, den bluttriefenden Felsvorsprung und zogen zur komfortabelsten Höhle weit und breit. Sie hatte einen schönen Säulenvorbau, etwa fünfzehn Fuß breit und zwanzig hoch, von einem reizvoll verwitterten Felsvorsprung überdacht, an dem ein Vorhang aus Bougainvillea-Zweigen herabrankte. Ein breiter, flacher Steinvorplatz diente als Feuerstelle und Loggia. Die Höhle lag neben einem Zedernwäldchen, durch das eine Kaltwasserzufuhr floß, die sich zum Trinken und zum Baden eignete und in die man die Abwässer leiten konnte. Das Innere der Höhle war sehr geräumig: Die Eingangshalle war etwa fünfunddreißig Fuß tief, nicht ganz so breit, und hatte eine gewölbte Decke. An die Halle schlossen sich beidseitig zahlreiche weitere Höhlen und Alkoven an, während an der Rückseite ein schmaler Gang bis in den Bauch des Berges führte. Sowohl Vater als auch Mutter begutachteten mit größter Befriedigung den modernen Komfort. »Endlich haben die Mädchen etwas privacy«, sagte Mutter.

»Gewölbe«, meinte Vater und warf einen Blick in den Gang, »Raum genug für den Weiterausbau. Fledermäuse natürlich, damit haben wir schnell aufgeräumt. Stinken zwar, sind aber äußerst nahrhaft. Hm, ein gefangener Innenraum, ideal für einen Weinkeller, später einmal ... Was meinst du?«

»Und vor der Küche jede Menge Platz für einen Komposthaufen«, sagte Mutter.

»Sehr schön, meine Liebe«, pflichtete Vater ihr bei, »ich denke, wir werden uns hier sehr wohl fühlen.«

Die Höhle wurde seit urdenklichen Zeiten von einer großen Bärenfamilie bewohnt, die uns fassungslos anstarrte, als wir geschlossen auf sie zumarschierten, um sie hinauszuwerfen. Die Bären trauten ihren Augen nicht. Sie dachten wohl, das Essen sei aufgetragen. Plötzlich begann Vater sie mit brennenden Holzstücken zu beschießen. Brüllend vor Wut und Überraschung wankten sie heraus; der Geruch von angesengtem Fell erfüllte die Luft. Das Familienoberhaupt, im ganzen Bezirk als Catcher berüchtigt, kam drohend auf uns zu, mußte allerdings blitzartig feststellen, daß wir keine leichte Beute mehr waren: Die Axt in der einen, den rauchenden Holzknüppel in der anderen Hand, so standen wir wie eine undurchdringliche Mauer vor ihm. Bedrohlicher Rauch stieg von unserer Schlachtreihe auf. Meister Petz blieb wie angewurzelt stehen; anstatt sich auf uns zu stürzen, wich er fauchend zurück. Seine Gefolgsleute starrten ihren Champion mit weit aufgerissenen Augen an. Da flog ein weiteres glühendes Geschoß aus unserer kleinen Phalanx, traf ihn, einen kleinen Rauchschweif nach sich ziehend, genau zwischen die Augen und setzte seine buschigen Brauen in Brand. Das war entschieden zuviel. Tränen des Schmerzes und der Erniedrigung rannen über seine Nase. Petz griff sich mit der Pranke an die Schnauze und trat den Rückzug an – die Seinen hinter ihm her.

»Wir haben gesiegt!« jubelten wir vor Freude überwältigt. Wir konnten es nicht fassen.

»Wir haben gesiegt!«

»Ja und? Natürlich haben wir gesiegt«, sagte Vater. »Was lernen wir daraus? Daß die Natur nicht zwangsläufig auf der Seite der großen Bataillone steht. Die Natur steht auf der Seite der technologisch überlegenen Spezies. Merkt euch das! Und das sind wir – vorläufig zumindest.«

Er warf uns einen vielsagenden Blick zu. »Vorläufig! habe ich gesagt. Laßt euch diesen einen Erfolg nicht zu Kopf steigen. Wir haben einen langen Weg vor uns ... einen sehr langen Weg. Doch laßt uns jetzt feierlich von dieser angenehmen Behausung Besitz nehmen.«

So zogen wir also ein und waren einhellig der Ansicht, daß die Höhle ein riesengroßer Fortschritt war im Vergleich zu allen früheren Wohnungen. Die Bären kamen mehrmals zurück – vor allem, wenn sie Vater auf der Jagd glaubten –, doch sie wurden regelmäßig von einem lodernden Willkommensfeuer vor der Höhle empfangen und überlegten es sich schließlich anders. Auch die Löwen und anderen Raubkatzen kamen vorbei, um sich das Ganze anzusehen. Nachdem sie eine Zeitlang das Feuer aus respektvoller Entfernung begutachtet hatten, versuchten sie, uns schnippisch weiszumachen, sie hätten ja eine Wohnung und erst noch eine viel schönere, machten sich dann aus dem Staub, offensichtlich bemüht, trotz unseres höhnischen Gelächters die größtmögliche Würde zu bewahren.

»Ihr werdet sehen, es wird nicht lange dauern, und sie werden darum betteln, sich an unserem hübschen Feuer wärmen zu dürfen«, sagte Vater.

»Und wir antworten, hau ab, du Tramp«, fügte mein Bruder Oswald hinzu.

»Vielleicht«, meinte Vater nachdenklich, »oder wir erlauben es ihnen ... unter gewissen Bedingungen.«

»Ich möchte ein kleines Miezekätzchen für mich ganz allein«, quengelte mein jüngster Bruder William.

»Setz den Kindern nicht solche Flausen in den Kopf«, tadelte Mutter.

Zu jenem Zeitpunkt waren wir eine ziemlich kleine Horde, dezimiert von der erbarmungslosen Jagd, der wir ausgesetzt waren, bevor Vater das Feuer vom Berg heruntergebracht hatte. Ich schätze, wir waren etwa ein Dutzend, die gemeinsam ein neues Leben begannen.

Da war meine Mutter, die den Frauen vorstand; und da waren auch noch fünf Tanten. Tante Mildred war eine dicke, einfältige Person, die nicht einmal mit einem Stein einigermaßen anständig treffen konnte. Sie gehörte eigentlich zu Onkel Wanja, der sie aber sitzengelassen hatte, als er feststellen mußte, daß sie auch im Baumklettern wenig taugte. Tante Mildred hatte eine besondere Vorliebe für das Feuer, denn es brachte ihren Verflossenen hin und wieder zu uns zurück, und sie konnte sich dann einreden, sie seien immer noch ein Paar. Tante Angela war ziemlich sympathisch; sie war die Gefährtin von Onkel Ian, einem weiteren Bruder meines Vaters, von dem wir als Kinder viel gehört, ihn aber nie gesehen hatten, weil er ständig im Ausland unterwegs war. Da er uns nicht einmal eine Ansichtskarte schicken konnte, um uns mitzuteilen, ob er noch am Leben war, dachten Mutter und die anderen Tanten, er sei tot; doch Tante Angela war unerschütterlich davon überzeugt, daß er zurückkäme.

»Er kommt ganz sicher bald heim, mein Stromer«, trällerte sie, wenn das Gespräch auf ihn kam. »Ich wär mit ihm gegangen, gewiß, gewiß, wenn mein armes Herz nicht wär ...«

Tante Angela litt nämlich an starkem Herzflimmern. Doch sie hatte zumindest Zukunftsaussichten, was bei Tante Aggie, Tante Nellie und Tante Pam nicht der

Fall war. Tante Aggie hatte ihren Partner an einen Löwen verloren. Tante Nellie war von einem Wollhaar-Nashorn zur Witwe gemacht worden, und Tante Pam von einer Boa Constrictor.

»Stellt euch vor, er wollte sie aufessen«, klagte Tante Pam, »obwohl ich ihn gewarnt habe, daß ihm das kaum bekommt. Doch hört er vielleicht auf mich? Der bestimmt nicht. Wenn man eine Ringelnatter essen kann, kann man auch eine Boa essen, sagt er. Dann schneide sie um Himmels willen zumindest in Stücke, sage ich. Aber nein, nicht einmal das will er. Er sagt, das Biest schneidet sein Essen auch nicht in Stücke, also ... Was die Boa kann, kann ich auch. Aber natürlich kann er es nicht. Nicht einmal halb so gut. Und als der Dickschädel zugeben muß, daß ich wieder einmal recht gehabt habe, ist es zu spät. Das soll euch eine Lehre sein, Kinder!«

Sie holte diese Geschichte immer wieder hervor, wenn ein Kind einen Bissen ungekaut hinunterwürgte und dabei fast erstickte. Andere Male wiederum löste sich ihre säuerliche Miene in Tränen auf; ihre Nase rötete sich wie eine Beere, und ihr eckiger Körper wurde von verzweifeltem Schuldbewußtsein geschüttelt. »Ich hätte sie doch nach ein paar Fuß selbst schneiden können«, schluchzte sie, »und er wäre jetzt noch am Leben. Ich habe es nicht getan, weil ich dachte, es wird ihm eine Lehre sein. Ich ließ ihn weitermachen, etliche Fuß zu weit. O Monty, Monty, warum hast du mich so provoziert?«

In solchen Momenten war sie eine tragische Gestalt; Tante Aggie und Tante Nellie setzten sich jeweils neben sie und redeten ihr gut zu und versuchten, sie zu trösten, was regelmäßig damit endete, daß alle drei einträchtig über ihre verlorenen Gefährten heulten. »Ach, was für ein schmucker Kerl war meiner doch«, schnupfte Tante Aggie, »der Löwe hat dich erwischt, Patrick, verdammt sei der alte Cromwell …«

Wenn sie in einer solchen Gemütsverfassung waren, redeten sie jeden Unsinn daher, der ihnen gerade durch den Kopf ging.

»Mitsamt dem Wollhaar-Nashorn«, schluchzte Tante Nellie. »Wozu ist er überhaupt nach Afrika gekommen, dieser widerliche, abscheuliche Unflat? Warum konnte er nicht an der Riviera bleiben, wo das Eis ist? Klar, daß er sich hier unvernünftig in die Sonne gelegt hat und dabei durchgedreht ist.«

An die vielen Nesthocker kann ich mich nicht mehr im einzelnen erinnern; ein Teil von ihnen wurde ohnehin von den Wölfen gegessen, bevor sie gehen konnten. Am nächsten stand mir mein Bruder Oswald, der schon früh ein bemerkenswertes Talent als Jäger und Fallensteller an den Tag legte – und ebenso beim Fischen. Als er klein war, konnte er stundenlang über dem Bach hängen und die Fische beobachten und versuchen, sie zu fangen, wie er die Vögel es tun sah. Schließlich fing er tatsächlich einen, und erst noch einen großen. Er wollte ihn aufessen und wäre dabei fast Onkel Montys Tod gestorben. Wir fanden erst lange Zeit später eine befriedigende Methode, Fisch zu essen. »Man muß ihn doch essen können«, sagte er zornig, »ich habe doch selbst gesehen, wie der Leopard einen geschluckt hat.«

»Was fällt dir ein, herumzuhängen und Leoparden zu beobachten. In deinem Alter!« schimpfte Mutter. »Was glaubst du eigentlich, du ungezogener Junge, los, geh Steine klopfen. Marsch.«

Oswald gehorchte widerwillig. Es gab nichts, was er mehr haßte. Ganz im Gegensatz zu Wilbur, der schon sehr früh eine natürliche Begabung fürs Steineklopfen zeigte.

»Sehr gut, mein Junge«, pflegte Vater zu sagen, wenn Wilbur mit einer für sein Alter erstaunlichen Präzision den Perkussionskern traf.

Obwohl er mit Kiesel und Quarz großartig umgehen konnte, entwickelte Wilbur wenig Eigeninitiative und zottelte meistens hinter Oswald und mir her. Er war unser Handlanger; er trug unsere Jagdstöcke, schärfte unsere Flintsteine, schleppte alles nach Hause, was wir erlegten; er hob meistens die Fanggruben für das Niederwild aus, und er war es, dem geheißen wurde, Honig für uns alle aus den Bienenwaben zu stehlen.

Unseren anderen Halbbruder Alexander spannten wir ebenfalls für unangenehme Arbeiten ein; er war zwar voller gutem Willen, aber leider war kein Verlaß auf ihn, denn er führte nie etwas zu Ende. Man mußte ihn ständig im Auge behalten und ihn unsanft wachrütteln, wenn er vor sich hin träumte. Nicht, daß es ihm etwa an Initiative oder Ausdauer gemangelt hätte; doch er neigte dazu, sich in Betrachtungen zu verlieren, besonders, wenn er Tieren zusah. Er verfiel jeweils in eine Art Trancezustand, und man mußte ihm einen Stein an den Kopf werfen, um ihn zu wecken. Er konnte es sich selbst nicht erklären. Seine Tierbeobachtungen waren außerordentlich präzise, doch – wie soll ich sagen? – irgendwie wirklichkeitsfremd; er schien sie nie eindeutig mit Jagdtechniken in Zusammenhang zu bringen, wie Oswald es tat. Sogar Vögel beobachtete er, obwohl bekanntlich fast alle absolut unnütz sind, außer wenn sie einen vor Großwild warnen. Daher erwies sich Alexander auf der Jagd oft als wertvolle Hilfe. Das Dumme war bloß, daß er sich für Fliegenschnäpper ebenso interessierte wie für Straußvögel oder Viehreiher.

»In dem Jungen steckt eine ganze Menge«, hörte ich eines Tages Vater zu Mutter sagen, nachdem Alexander ihm erzählt hatte, daß das Nashornweibchen immer genau hinter ihrem Gefährten hergehe, »ich habe aber keine Ahnung, warum.«

Er bezeichnete ihn oft als »unseren jungen Naturwissenschaftler«.

Ich hatte auch einen viel jüngeren Bruder, William, doch der Trupp, der Vater auf seinen Jagdexpeditionen an die Hand ging, setzte sich aus Oswald, Wilbur, Alexander und mir zusammen.

Von den Mädchen war Elsie meine Lieblingsschwester; wir hatten beschlossen, ein Paar zu werden, wenn wir einmal erwachsen sein würden. Sie war großgewachsen und anmutig wie eine Gazelle, und sie konnte laufen und springen und werfen wie ein Junge. Bei allen Höhlenarbeiten war sie Mutters Stütze, doch je älter wir wurden, desto seltener kam sie mit uns auf die Jagd. Ich konnte nie begreifen, warum Mutter immer etwas Dringendes für sie im Haus zu tun hatte, wenn wir zum Aufbruch rüsteten.

Elsies große braune Augen blickten wehmütig, wenn sie sich von mir verabschiedete: »Ich muß hierbleiben und auf die Babys aufpassen, Ernest, doch du bringst mir etwas nach Hause, ja?«

Was ich immer tat. Für sie sparte ich die Augen der erbeuteten Tiere auf, wenn sie mir zustanden, oder einen ungeknackten Markknochen oder ein mit Honig oder Termitenbrei gefülltes Blatt.

»Danke, danke, Darling Ernest, ich wußte, daß du

mich nicht vergißt«, jubelte sie und stopfte die Leckerbissen in ihren vollen, sinnlichen Mund, fiel mir dann um den Hals und drückte mich fest.

Und ich dachte, daß sich der Verzicht gelohnt hatte. Für niemand anderen hätte ich es getan.

Wir hatten noch drei Schwestern: Ann, Doreen und Alice. Für uns Jungs galt als ausgemacht, daß Oswald einst Ann bekäme (ein kräftiges Mädchen, bestens in der Lage, die Beute nach Hause zu tragen), Alexander würde Doreen nehmen (die mütterlich war und bis über die Ohren in ihn verliebt) und Wilbur Alice.

So einfach war das.

4

Wenn die Sonne untergegangen war, spendete uns das Feuer Licht, und wir gewöhnten uns den unwahrscheinlichen Luxus an, uns abends rund um die Feuerstelle herum zu entspannen, während wir unser Essen kauten, Markknochen aussaugten und Geschichten erzählten. In den ersten Zeiten war es vor allem Vater, der erzählte, und die schönste Geschichte war die vom ungezähmten Feuer, das er uns heruntergebracht hatte. Wort für Wort ist sie mir im Gedächtnis geblieben.

»Ihr erinnert euch alle«, sagte Vater, machte es sich bequem und nahm einen Stock zum Anspitzen in die Hand, denn man sah ihn nie untätig, »ihr erinnert euch alle, wie schlecht wir damals dran waren. Wir wurden gejagt und geradewegs in die Ausrottung gehetzt. Ihr habt in dem Massaker Onkel, Tanten, Brüder und Schwestern verloren. Die Karnivoren hatten es auf uns abgesehen, weil in der Gegend Mangel an Hufwild herrschte. Ich weiß nicht genau, wie es dazu gekommen war. Vielleicht waren die aufeinanderfolgenden Dürreperioden daran schuld, die das Weidland versengt hatten. Vielleicht hatte eine neue Rinderseuche die Herden dezimiert ... Wie auch immer, nachdem die Raubkatzen einmal begonnen hatten, uns in rauhen Mengen zu verspeisen, kamen sie schnell auf den Geschmack. Unsereiner zu hetzen war natürlich viel einfacher.

Ihr fragt euch wohl, warum ich euch nicht in sicherere Landstriche geführt habe. Natürlich habe ich in der Verzweiflung daran gedacht. Doch wohin gehen? Nordwärts, tiefer in die Steppen vordringen, wohin die Karnivoren uns folgen konnten und ihren Tribut von uns verlangen würden? Zurück in die Wälder, wo selbst Wanja das Leben immer unerträglicher findet? Für mich war es undenkbar, die Anstrengungen von Hunderttausenden Jahren Steinzeitkultur und Entwicklung zu opfern und als Baumaffe nochmals ganz von vorn zu beginnen. Mein alter Vater hätte sich in seinem Grab umgedreht – das er übrigens in einem Krokodil fand, wie ihr wißt –, wenn ich leichtfertig alle seine Grundsätze verraten hätte. Wir mußten bleiben, aber wir mußten unseren Kopf benützen, um Mittel und Wege zu finden, die Löwen ein für allemal davon abzuhalten, uns aufzuessen. Aber wie? Ich erkannte schließlich, daß dies die Schlüsselfrage war. Das ist das Schöne am logischen Denken, seht ihr? Es erlaubt einem, systematisch eine Alternative nach der anderen auszuschalten, bis nur noch die elementare Frage zurückbleibt, die beantwortet werden muß!«

Vater fischte einen angekohlten Stock aus dem Feuer und betrachtete nachdenklich die rauchende Spitze.

»Ich wußte, daß Tiere das Feuer fürchten, eine allgemein bekannte Tatsache. Auch wir fürchten es, denn wir sind Tiere wie alle anderen. Von Zeit zu Zeit hatten wir das Feuer brodelnd und kochendheiß die Berge herunterkommen und die Wälder in Brand stecken sehen, worauf jede Spezies entsetzt das Weite suchte. Wir rannten fast so schnell wie der Hirsch, und die Gefahr machte Löwen und Affenmenschen zu Brüdern. Wir sahen ganze Berge in Rauch und Flammen explodieren, und jedes Tier rannte in panischer Angst um sein Leben. Es kam selten vor, doch wenn es vorkam, wußten wir, was uns bevorstand. Es gibt keine schlimmere

Qual, als zu verbrennen; es gibt keinen qualvolleren Tod, als verbrannt zu sterben. Das wird zumindest behauptet. So wie die Dinge lagen, bestand mein Problem darin, die Wirkung eines Vulkans zu erzielen, ohne selbst in die Luft zu gehen. Was ich brauchte, war ein kleiner, transportabler Vulkan. Der zündende Gedanke kam mir plötzlich eines Nachts, als ich die Barrikaden bewachte. Doch der zündende Gedanke – die theoretische Lösung – ist eine Sache, die praktische Verwirklichung eine andere. Ideen im Kopf vertreiben keine Bären aus den Höhlen. Ich war sehr stolz über meine einleuchtende Theorie, doch ich mußte mir eingestehen, daß ich mir etwas mehr einfallen lassen mußte, als mich bloß über meine geniale Idee zu freuen, denn sonst würde ich unweigerlich mitsamt dem Rest meiner Familie aufgefressen werden.

Wie funktioniert das Feuer? Mein zweiter zündender Gedanke kam mir etwas später: Ich mußte einen Vulkan besteigen, um aus der Nähe zu sehen. Das war das naheliegendste, man brauchte bloß darauf zu kommen. Ich hätte mich ohrfeigen können, daß ich nicht vorher darauf gekommen war, das dürft ihr mir glauben. Jetzt zwang mich bitterste Not dazu. Ich sagte mir, daß es nur eine Möglichkeit gab, eine einzige, um an das begrenzte, familienfreundliche Feuer zu kommen, das mir vorschwebte. Ich mußte einen Vulkan besteigen und irgendwie versuchen, ein Fetzchen abzuschneiden. Man konnte es nirgendwo sonst suchen – und darüber nachzudenken, wo man es sonst suchen könnte, dazu fehlte die Zeit. Ich beschloß daher, in einem letzten verzweifelten Anlauf alles zu riskieren.

Also bestieg ich den Ruwenzori. Ich ließ mich von den Flammen leiten, die aus dem Gipfel loderten, und kletterte den Gletscherrand entlang die eine Bergflanke hinauf. Der Berg ist von einem dichten Waldgürtel aus Kampferbäumen und Euphorbien umgeben, die ich teils auf dem Boden, teils von Baum zu Baum durchquerte, so schnell ich konnte. Anfangs leisteten mir Tiere Gesellschaft: Warzenschweine, Affen, Wildkatzen und so weiter, und ganze Vogelscharen natürlich, doch je spärlicher die Bäume wuchsen, desto einsamer war ich. Unterirdisches Knurren war zu hören und erinnerte mich an die Löwen. Schließlich gelangte ich in eine wilde Savanne mit Grasbüscheln, verkrüppelten Bäumen und schwarzem Geröll. Es war zum Sterben kalt, und da und dort lag Schnee. Die Luft wurde dünner, ich kam nur noch keuchend vorwärts, und jeder Atemzug schmerzte in der Brust. Ich war jetzt mutterseelenallein, nur ein Tetratornis kreiste hoch über den Baumwipfeln, die ich weit hinter mir zurückgelassen hatte; aus der Entfernung wirkte er kaum größer als ein Adler. Ich gelangte in eine trostlose Gegend, wo eisige Winde heulten; meine Schultern schüttelten sich vor Kälte, obwohl die Felsen unter meinen schmerzenden Füßen stellenweise glühten.

Ich begann mich zu fragen, warum ich überhaupt da hinaufgestiegen war; vor mir nichts als nackte Felsen und erstarrte Lava, weit oben zeichneten sich unter einer schwarzen Rauchwolke die zerklüfteten Lippen des Kraters ab. Plötzlich dämmerte mir die schiere Vermessenheit meines Unterfangens: An diesem Ort, wo selbst Steine wie Reisig verbrannten, suchte ich nach einer Waffe, um das Barthaar eines Löwen zu versengen? Beinahe hätte mich mein ganzer Mut verlassen. Ich wäre am liebsten schleunigst umgekehrt; doch mit leeren Händen zurückzukehren wäre ebenso zwecklos gewesen, wie überhaupt nicht zurückzukehren. Und das faszinierende Schauspiel, das sich mir bot, trieb mich unaufhaltsam vorwärts.

Meine Ausdauer wurde mit einem Mal belohnt: Ich stellte nämlich fest, daß ich unmöglich senkrecht bis zum Kraterrand hinaufklettern konnte, wie ich es vorgehabt hatte; die Felsen türmten sich einige Tausend Fuß oder noch höher vor mir auf. Also blieb mir nichts anderes übrig, als mich in einer Spirale um den Krater herum hochzuarbeiten. Als ich auf der anderen Seite des Berges anlangte, da entdeckte ich etwas, was meinen Hoffnungen neuen Auftrieb gab: Ich brauchte gar nicht bis zum Gipfel hinaufzuklettern – was mehrere Tage beansprucht hätte, falls ich eine Nacht in dieser Höhe überlebt hätte. Denn von dieser Seite aus konnte ich feststellen, daß etwas oberhalb der Stelle, wo ich stand, Rauch und Dampf aus dem Berg quollen! Feuer, welcher Beschaffenheit auch immer, mußte also auch weiter unten verfügbar sein, weit weg von den Gefahren des mit tausend Grad glühenden und brodelnden Kraters. Ich traversierte den Berghang in Richtung der Rauchfahne. Und was erblickte ich dort und ließ mich alle Strapazen vergessen? Die Flüssigkeit aus dem Innern des Berges sprudelte nur so heraus und floß langsam den Felshang hinunter. Es sah aus, als sei der Berg von einem Feind aufgeschlitzt worden, aus der klaffenden Wunde quollen seine roten, dampfenden Eingeweide. Oder vielleicht hatte der Berg eine Gallenkolik gehabt und erbrach sich nun. Dieser Anblick, glaube ich, war es, der mich der Wahrheit über die Beschaffenheit der Welt näherbrachte, doch leider hatte ich für mehr als flüchtige Beobachtungen keine Zeit. Was mir gleich auffiel, war die Tatsache, daß jeder Baum, der dem heißen Auswurf im Weg stand, augenblicklich in Flammen aufging.

Hier war es, wonach ich gesucht hatte: Der Zusammenhang zwischen dem Urfeuer in der Erde und dem transportablen Feuer. Ich schaute näher hin, und plötzlich hatte ich des Rätsels Lösung: Wenn ein Baum Feuer gefangen hatte, übertrug er die Flamme auf den nächsten Baum und so weiter ... Darauf beruhte also das Prinzip der Feuerübertragung: Wenn du das Feuer mit etwas in Berührung bringst, was es gern frißt, fängt dieses Etwas Feuer. Für euch ist das alles inzwischen selbstverständlich geworden, doch vergeßt nicht, ich, ich sah es zum ersten Mal.«

Vaters Stock hatte zu qualmen aufgehört, und er begann geistesabwesend, das verkohlte Ende mit einem scharfen Flint anzuspitzen.

»Der Vulkan war der Feuer-Vater; die Bäume waren Söhne und Töchter, doch wenn sie einen anderen brennbaren Baum berührten, konnten sie ihrerseits Feuer zeugen. Ich erfaßte blitzartig die einfache Handhabung des Ganzen: Alles, was ich zu tun hatte, war, einen Ast aufzulesen, ihn an einen brennenden Baum zu halten und das Feuer mitzunehmen. Ich versuchte es auf der Stelle – eine heiße Angelegenheit, denn die Lava strömte eine gräßliche Hitze aus, und ich mußte mich ihr auf mindestens hundert Fuß nähern. Doch es funktionierte! Mein Ast brannte. Ich hielt Feuer in meinen Händen. Ich jauchzte vor Freude, als ich den Ast von den brennenden Bäumen wegtrug, ihn hoch in die Luft streckte und sah, wie über meinem Kopf ein kleiner Vulkan rauchte. Tatsächlich: Mit dieser furchterregenden Fackel konnte ich jeden Löwen zu Tode erschrecken. Ich zögerte nicht mehr lange und eilte nach

Hause. Nach zwei Meilen stellte ich allerdings fest, daß mein flammender Ast nicht mehr flammte und nur noch ein heißer, schwarzer Stummel übriggeblieben war, der meine Hand versengte.

Also kehrte ich zurück und begann mein Experiment von vorn. Ein kleines Feuer, sagte ich mir, frißt sein Futter schnell auf; man muß es ständig füttern, will man es nicht sterben lassen. Um es zu transportieren, mußte ich eine Art Nahrungskette aufbauen. Ich setzte also einen Ast in Brand, trug ihn so weit wie möglich, bis das Feuer nur noch glomm oder bis zu meiner Hand abgebrannt war; dann riß ich einen neuen Ast von einem Baum am Wegrand, entzündete ihn, trug ihn ein Stück weiter und so fort. Alles ganz einfach und logisch, wenn es einer vormacht – aber nicht, wenn keiner draufkommt. Diese Strategie funktionierte wunderbar. Unterwegs stellte ich zwar fest, daß gewisse Bäume nicht so gut brennen wie andere. Dennoch, mit etwas Geschick langte ich wohlbehalten bei euch an, den sechshundertneunzehnten aufeinanderfolgenden Brand in der Hand, mit dem ich die Löwen verscheuchte und innerhalb der Palisade unser eigenes Feuer anfachte – dasselbe Feuer, das wir hierher mitgenommen haben und das seither nie ausgegangen ist. Doch selbst wenn es ausginge, wäre es die einfachste Sache …«

Vater verstummte plötzlich und starrte mit offenem Mund auf den Stock in seiner Hand.

»Mensch!« stammelte er. »Während ich dasitze und erzähle, habe ich ganz beiläufig etwas höchst bedeutsames erfunden: den Hochleistungsjagdspeer mit feuergehärteter Spitze.«

5

Wir waren beständig auf der Suche nach gutem, gradwüchsigem Holz, um daraus mit unseren Steinschabern Speere zu schnitzen; damit ließ sich Kleinwild zwar mühelos erlegen, der schwache Punkt war jedoch die Spitze. Unsere Speere prallten an der Panzerhaut großer Tiere einfach ab. Selbst um ein kleines Tier zu töten, mußte man sich ganz nahe heranpirschen, denn bei jeder größeren Entfernung reichte die Penetrationskraft nicht aus. Sich einem Bock auf fünfzehn Fuß zu nähern ist nicht ungefährlich, und so ließen wir uns mehr Wild entgehen, als wir fingen. Die beste Taktik bestand darin, in Trupps anzugreifen, dann dem verwundeten Tier zu folgen, bis es zu erschöpft war, um sich zur Wehr zu setzen, was allerdings den Nachteil hatte, daß wir auf diese Weise die Beute oft geradewegs in die Klauen eines Leoparden oder eines Löwen hetzten.

Die neuen feuergehärteten Speerspitzen waren daher ein gewaltiger Fortschritt. Für Zebras zum Beispiel waren sie schon ab hundert Fuß tödlich. Wir übten uns im übrigen regelmäßig im Speerscheibenschießen. Ich traf aus hundertfünfzig Fuß Entfernung genau die Augenhöhlen eines Zebraschädels, Oswald sogar aus zweihundert oder gar zweihundertfünfzig Fuß, wenn der Speer besonders gut ausbalanciert war. Wir übten natürlich mit stumpfen Speeren, denn um die Spitzen für die Jagd zu härten, mußten wir zum Feuer zurückkehren, da nach ein paar Treffern die Spitzen stumpf waren. Dies schränkte, zugegebenermaßen, die Vorteile der neuen Waffe ein, ihre allgemeine Einführung hatte jedoch eine deutliche Verbesserung unserer Nahrungsversorgung zur Folge. Wir litten bei weitem nicht mehr so oft unter Hunger und Kälte.

Zebras und Pferde jagen, das war nun kein Problem mehr, zudem jagten wir jetzt auch Schwarzfersenantilopen, Hirsche, Kuhantilopen, Säbelantilopen, Weißschwanzgnus, Schafe, wenn immer sich die Gelegenheit bot. Wir liefen gebückt im Schutz des mannshohen Steppengrases, richteten uns dann auf, um die Beute ins Visier zu nehmen. Obwohl die Herden Wachtiere aufstellten, waren wir im Vorteil dank unserer Fähigkeit, geduckt zu rennen, uns aufzurichten oder auf die Bäume zu klettern, um sie zu orten. Bloß die Giraffen hatten einen besseren Überblick. Sie entdeckten uns meistens, und ihr phänomenales Spurtvermögen trug sie mir nichts, dir nichts außer Schußweite. Wir erwischten selten eine, hatten hingegen mehr Glück mit den Chalicotherien, weil ihr Hals etwas kürzer ist. Wenn sie verwundet sind oder sich in die Enge getrieben fühlen, sind sie viel gefährlicher als die Giraffen, weil ihre spitzen Geweihsprossen einen übel zurichten können. Mit den neuen Speeren konnten wir jetzt auch Büffel töten. Ungemein gefährliche Biester; in der ersten Zeit mußte manch einer von uns dran glauben, wenn der Speer zwar steckenblieb, aber nicht tief genug. Selbst wenn ein Speer in seinem Nacken steckt, entkommt man nicht, denn niemand rennt schneller als ein Büffel.

Wir hatten seit je in den Wäldern Warzenschweine, Affen, Waldducker und ähnliche Tiere gejagt; jetzt konnten wir es auch mit den gewaltigen Ebern aufnehmen. Wir testeten unsere neuen Speere an Krokodilen und Flußpferden. An den gefährlichen Flußufern hingegen, wo wir mit allen anderen Tieren für einen

Schluck Wasser oft unser Leben riskierten, boten unsere Waffen keinen zusätzlichen Schutz.

Wir gingen mit der Zeit dazu über, wie die Krokos den Tieren aufzulauern, die zum Trinken zu den Flüssen und Wasserlöchern hinabsteigen mußten. Das Beobachten eines zu Tode geängstigten, in die Enge getriebenen Tieres, das in einem Dornbusch hängenbleibt oder in einem Papyrussumpf versinkt, brachte uns auf den naheliegenden Gedanken, Fallen zu stellen. Vater war ganz begeistert von dieser Erfindung; wir waren es weniger, weil uns Jungen die Aufgabe zufiel, die Gruben auszuheben, in die die Tiere fallen sollten. Ein zehn Fuß tiefes und zwölf Fuß breites Loch graben bedeutet, fünfzehnhundert Kubikfuß Erde zu bewegen – kein Honigschlecken, wenn man nur einen feuergehärteten Grabstock, ein Pferdeblatt und die bloßen Hände zur Verfügung hat. Doch Vater bestand darauf. Was ihn an den Fallen so fasziniere, sagte er, sei ihr selbsttätig geregelter Mechanismus.

»Eine harte Arbeit, ich weiß«, räumte er ein, »aber das Prinzip ist richtig; wir müssen bloß eine effizientere Aushubvorrichtung erfinden.«

Was wir allerdings nie taten. Daher waren wir riesig erleichtert, als er es einige Zeit später mit einer neuartigen Fallenkonstruktion versuchte: Er schlang ein Lianenseil um einen Baum, befestigte den Speer, die Spitze nach unten, in Eberhauerhöhe, zog das Seil an und knotete es an einem zweiten Baum fest. Wenn der Eber blindwütig daherraste, zerriß er unweigerlich das Seil, und der Speer bohrte sich genau in seinen Kamm. So einfach war das.

»Ein erster Versuch mit der Rückkoppelung«, sagte Vater kryptisch.

Er hätte am liebsten den ganzen Wald mit dieser Vorrichtung bestückt, hätte nicht das Risiko bestanden, daß wir die Standorte vergessen und selbst hineinlaufen könnten. Was um ein Haar Onkel Wanja passiert wäre, der uns natürlich zornig aufsuchte und sich bitter beklagte.

Wir jagten nun in weitem Umkreis; unsere Speere und die Sicherheit unserer feuergeschützten Höhlen erfüllten uns mit neuem Selbstvertrauen. Wir häuteten die erlegte Beute an Ort und Stelle, nahmen sie aus und schmausten Blut, Hirn und Eingeweide an Ort und Stelle zum munteren Schwpp-schwpp der zwischendurch geschärften Steinmesser. Dann zerlegten wir das Tier und schleppten die Viertel auf den Schultern nach Hause. Was für herrliche Trophäen, verglichen mit den Kaninchen, Dachsen, Eichhörnchen und kleinen Antilopen, die früher gewöhnlich die einzige Beute waren. Mit unseren Speeren verjagten wir mühelos jede Hyäne, die glaubte, sich an unsere Fersen hängen zu können. Dank den Speeren war es zudem möglich, Nutzen aus dem zwischen den Tieren tobenden Bürgerkrieg zu ziehen. In der Brunftzeit wohnten wir den Kämpfen zwischen Nashörnern oder Elefanten bei, gaben dann dem verwundeten Verlierer den Gnadenstoß, und die ganze Horde stürzte sich wie Geier auf den Kadaver und aß sich ein ganzes Wochenende lang durch den Fleischberg hindurch. Wenn die mächtige Wirbelsäule und die wie gefällte Bäume herumliegenden Schenkelhalsknochen gespalten wurden, um das kostbare Mark freizulegen, hoben und senkten sich die großen Äxte im Wechseltakt.

Das nunmehr ergiebigere Jagen erlaubte den Frauen, öfters zu Hause zu bleiben, mußten sie doch nicht mehr den Jägern folgen, um sich ihren Anteil an der Beute zu sichern. »Frauen gehören in die Höhle«, pflegte Vater von jetzt an zu sagen.

Wir Jungen gingen immer mit auf die Jagd, nicht nur weil wir gebraucht wurden, sondern weil Vater der Ansicht war, daß in Sachen Erziehung nichts über den Anschauungsunterricht geht. Selbstverständlich wurden wir von Kindesbeinen an in die Grundkenntnisse des Steineklopfens eingeführt. Ein Junge, der nicht gerade schlief oder nicht auf der Jagd war, mußte an seinem Flinthaufen arbeiten. In dieser Hinsicht war Vater unerbittlich. Sein Motto war: Keiner zu klein, um ein guter Steinklopfer zu sein. Kaum war ein Baby auf der Welt, wurde ihm ein kleiner Kiesel in jedes Patschhändchen gedrückt; und nachdem es ein paar verschluckt hatte, lernte es schnell, sie gegeneinanderzuschlagen, wie die Erwachsenen es taten.

»Vergessen wir nie«, pflegte Vater zu sagen, »daß im wesentlichen alles von unserer Fähigkeit zu schielen abhängt. Unsere Hände und unser stereoskopisches Sehvermögen genügen nicht: Um den Flint präzise zu bearbeiten, muß das Auge scharf eingestellt werden.«

Auch die Mädchen mußten Steine klopfen. »Ein Mädchen muß in der Lage sein, in guten wie in schlechten Zeiten selbst für seinen Lebensunterhalt aufzukommen«, sagte Vater. »Ein Mädchen, das in der Lage ist, einen Obsidiansplitter messerscharf zu schlagen, braucht sich weder um einen Mann noch um eine anständige Mahlzeit Sorgen zu machen.«

Das Steineklopfen nahm also kein Ende, und Vater wurde nicht müde, sich über die Finessen dieser Kunst auszulassen.

Beklagten wir uns über die Zerbrechlichkeit der

messerscharfen Kanten, die wir so mühsam hingekriegt hatten, entgegnete er prompt: »Vergeßt nicht, daß die Zerbrechlichkeit des Flintsteins den Aufstieg des Menschen erst ermöglicht hat. Jahrtausende lang benutzten Affen Werkzeuge, bis sie eines Tages auf den Gedanken kamen, sie herzustellen. Und warum das? Ganz einfach, weil ein zufällig zerbrochener Flintstein einen mit einer scharfen Klinge versorgte, die man bloß aufzulesen brauchte. Dann ließ eines Tages jemand den Stein bewußt fallen und schaute sich das Resultat näher an. Ja, und für weitere Jahrtausende bestand die Kunst der Werkzeugherstellung schlicht aus der Kunst, einen Flintstein an einem Felsen zu zertrümmern und die brauchbaren Stücke einzusammeln. Wenn euch das Steineklopfen zu mühsam erscheint, bitte, versucht es doch auf diese Weise …

Mit der Zeit nun also ließen die Menschen die Steine nicht mehr einfach fallen, sondern sie begannen, sie gegeneinanderzuschlagen, drehten sie nach jedem Schlag in der Hand herum, um die geeignete Fläche für den nächsten Schlag zu finden. So haben wir alle einmal angefangen. Nach dieser Methode taugt allerdings von zehn Splittern kaum einer. Moderne Technologien haben dieser Zeit- und Rohstoffverschwendung ein Ende bereitet. Jetzt schlagen wir an einem Ende einen Splitter ab … soo … dann benützen wir die entstandene Fläche als Schlagfläche … soo … und schon haben wir einen weiteren Splitter … tok … eins … zwei … drei … vier … Wunderbar, was? Seht ihr, wie gleichmäßig sie sind? Und wie fast mühelos sich der Stein spalten läßt? Und man kann erst noch die Kraft einstellen: ein leichter Schlag … tok … will man nur einen Splitter … oder kräftiger … tok … je nach der Oberfläche. Los jetzt, bis zum Mittagessen sind alle Kanten neu bearbeitet, verstanden?«

Das zweite wichtige Unterrichtsfach war das Studium der Tiere, die wir jagten, und jener, die uns jagten. Wir mußten lernen, wo sie lebten, wovon sie lebten, wie sie die Zeit verbrachten, was für eine Witterung sie ausströmten und was für eine Sprache sie redeten. Von zartester Kindheit an konnten wir das Knurr-knurr des Löwen nachahmen, das Räuspern des Leoparden, das Trampeln des Straußvogels, das Trompeten des Elefanten, das Schnauben des Rhino und das unheimliche Heulen der Hyäne. Wir wußten, warum die schnellhufigen Zebras und Pferde sich erlauben können, ständig zu wiehern, und warum Schwarzfersenantilopen und Gazellen sich lieber still verhalten. Auf den Bäumen können Affen in Sicherheit gemütlich miteinander plaudern wie unsereiner mit dem Speer in der Hand auf dem Boden. Die großen, von Feinden umgebenen Herden hingegen ziehen lautlos über die Steppen. Wir lernten, wo man Schildkröten- und Krokodileier findet und wie man den Vögeln die Brut raubt. Wir wußten, wie man den Skorpion aufstöbert und wie man seinen Schwanz unschädlich macht, bevor man ihn verspeist.

Wir beschäftigten uns auch mit Wirtschaftsbotanik. Gewisse Früchte, gewisse Schwämme, gewisse Wurzeln können gegessen werden, andere nicht. Während der ganzen Steinzeit haben Pioniere ihr Leben geopfert, um genau herauszufinden, welche zu welchen gehören. Unser Instinkt war inzwischen zu sehr verkümmert, als daß er uns noch hätte warnen können. Wir mußten lernen, den vitalen Unterschied zu erkennen zwischen der nahrhaften Maniokwurzel und jener, die tötet. Wir mußten lernen, welches die verbotenen Früchte waren – und uns vom verbotenen Baum fernhalten, von der Acocanthera abyssinica, deren Saft allein schon den Tod bedeutet.

Als es für uns selbstverständlich geworden war, Pferde und Zebras zu jagen, betrachteten wir die Raubkatzen nicht mehr als eigentliche Feinde, sondern eher als Rivalen, ja sogar als Vorbilder im gleichen Beruf. Wir beobachteten sie bei der Arbeit: Leoparden und Geparden in den höheren Regionen, Löwen und Säbelzahntiger in den Steppen, Pumas, Ozelote und Luchse in den Urwäldern oder auf Bäumen – Hyänen überall. Wie hätten wir nicht beeindruckt sein können vom Luxus ihrer Jagdausrüstung, den sie bei der Hetzjagd entfalteten? Augen, die in der Dunkelheit sehen, und Barthaare, die in der Finsternis fühlen, einziehbare Krallen, um die Beute zu greifen und auf Bäume zu klettern, dreißig messerscharfe Zähne, perfekte Tarnfarbe auf der Pirsch und eine beträchtliche Geschwindigkeit, die sie bis zu siebzig Stundenmeilen steigern konnten.

Vater bewunderte sie wie jedermann, doch er warnte davor, sich blenden zu lassen: »Alles reine Spezialisierung«, sagte er, »großartige, hochgradig angepaßte Jagdmaschinen. Perfekte Killer. Und genau das ist ihre Schwäche: Sie können nichts anderes! Sie werden kaum weiter evoluieren, glaubt mir. In Anbetracht ihrer Kraft und Arglist ist man versucht, das Gegenteil anzunehmen. Aber ich zweifle daran. Ich zweifle wirklich daran. Wenn es kein Wild mehr gäbe, würden sie schlicht verhungern; kaum denkbar, daß sie sich mit Kokosnüssen über Wasser halten könnten. Einige haben bereits ihre Grenzen erreicht: Schaut euch doch bloß den Säbelzahntiger an. Er kann zwar mühelos die Gurgel eines Nashorns durchbeißen, doch wer will schon ausschließlich von Rhinos leben? Die lächerlichen Dinger kommen ihnen nur in den Weg, und sie müssen aufpassen, daß sie nicht ständig darüber stolpern. In früheren Zeiten, als diese Spezies noch größer war, hatten die Säbelzähne eine Funktion, und zweifellos hat sie mit Brontops, mit Amebelodons, Riesenfaultieren und sonstigen Ursäugern aufgeräumt, von denen mir mein Dad erzählte, als ich noch klein war. Die Säbel verhalfen ihr zur Macht im Land, wobei zu sagen ist, daß damals die Geschwindigkeiten viel niedriger waren als heute. Merkt euch meine Worte: Der Säbelzahntiger gehört zu den ersten, die vom Untergang bedroht sind. Was die übrigen Jäger angeht, sie werden sich noch eine Zeitlang halten können, doch der Tag ist nicht mehr fern, an dem sie um die Brosamen von unserem Tisch betteln.«

Wir lachten natürlich, doch Vater schüttelte den Kopf. »Lacht nur, aber wir werden es auch dem Löwen zeigen. Ich will nicht behaupten, daß es keine Tiere gibt, die uns überflügeln könnten, doch ich schätze, es werden eher die Anthropoiden sein. Ich bin mir der Gefahr ständig bewußt: Man weiß nie, was sich zusammenbraut. Hauptsache ist, man hat die Entwicklung im Griff und klare Prinzipien; ich bin zutiefst davon überzeugt, daß das Prinzip der Spezialisierung früher oder später die Evolution stoppen wird. Sogar die Tiere neigen verhängnisvoll zu diesem Trend. Nehmen wir das alte Chalicotherium – nur um ein Beispiel zu nennen –, es ist kein Pferd, es ist kein Hirsch, und es ist keine Giraffe. Sein Hals ist zu kurz, als daß er ihm im Ansitz von Nutzen sein könnte oder um die Blätter in den Baumkronen zu erreichen, wenn die großen Herden die Savannen abgegrast haben werden. Und er ist zu lang, so daß das Geweih seine ursprüngliche Funktion nicht mehr erfüllt. Es hat keine anständigen Hufe und kommt daher auf kein vernünftiges Tempo. Es ist weder das eine noch das andere, und die wirklichen Spezialisten, die echten, werden ihm den Garaus machen.«

»Aber wir sind doch auch weder das eine noch das andere«, warf ich ein.

Vater zog nachdenklich seine niedrigen, hervorstehenden Brauen zusammen. »Das stimmt, mein Junge, das stimmt. Wir sind von den Bäumen herabgestiegen und sind zu Raubtieren geworden, obwohl uns die Zähne und die Geschwindigkeit der Katzen fehlen. Und gerade darin liegt unsere Stärke: Daß wir nicht spezialisiert sind! Es wäre ein Rückschritt, wieder auf allen vieren zu gehen und die Eckzähne wachsen zu lassen. Katzen und Hunde können jagen, gut ... und was sonst? Nichts, gar nichts.«

»Aber Vater, wer möchte denn überhaupt etwas anderes tun?« fragte Oswald.

»Ich gebe zu, daß du sozusagen spezialisiert bist, Oswald«, sagte Vater bissig. »Ich möchte mir immerhin wünschen, daß du ab und zu deinen primitiven Verstand höheren Dingen zuwendest.«

»Was gibt es denn anderes zu tun?« beharrte Oswald.

»Wart's ab, und du wirst sehen«, sagte Vater mit zusammengekniffenen Lippen. »Wart's ab!«

6

»Du hast es tatsächlich geschafft, Edward«, sagte Onkel Wanja, während er schmatzend an einer Pferdeschulter herumkaute.

»Du wiederholst dich«, stellte Vater fest, der sich durch eine Wildschweinlende arbeitete. »Was soll denn falsch sein am Fortschritt, möchte ich wissen ...«

Onkel Wanja warf ein ungenießbares Stück Knorpel ins Feuer und entgegnete: »Du, du nennst es Fortschritt. Ich nenne es Ungehorsam. Jawohl, Edward, Ungehorsam. Kein einziges Tier ist dazu bestimmt, Feuer von den Berggipfeln zu stehlen. Du hast gegen die festgefügten Gesetze der Natur verstoßen. Ich möchte gern ein wenig von der Antilope versuchen, Oswald, reichst du mir ein Stück?«

»Warum Ungehorsam? Ich betrachte es als einen Schritt vorwärts, als einen Evolutionsschritt. Als einen entscheidenden vielleicht sogar«, argumentierte Vater.

Onkel Wanja zeigte anklagend mit einem Schlüsselbein auf seinen Bruder. »Weil das, was du getan hast, dich aus der Natur ausgestoßen hat, Edward. Es ist eine verdammte Anmaßung, milde ausgedrückt. Siehst du das nicht ein? Du warst ein Geschöpf der Natur, schlicht, anmutig, Teil der natürlichen Ordnung, dankbar für ihre Gaben und ihre Strafen, ihre Freuden und ihre Schrecken ... so unbeschwert, so selbstgenügsam, so unschuldig! Du warst Teil der riesigen Ordnung der Flora und Fauna, die in vollkommener Symbiose leben, sich aber trotzdem mit unendlicher Langsamkeit in der majestätischen Karawane der natürlichen Mutation vorwärtsbewegen. Und jetzt, wo bist du jetzt, frag ich dich?«

»Well, wo bin ich denn?« konterte Vater.

»Abgeschnitten«, schnaubte Onkel Wanja.

»Abgeschnitten wovon?«

»Von der Natur ... von deinen Wurzeln ... von jeglicher echten Zugehörigkeit ... Von Eden!«

»Und von dir?« lächelte Vater.

»Von mir ganz bestimmt«, sagte Onkel Wanja. »Ich mißbillige das Ganze. Ich habe es dir bereits gesagt. Ich mißbillige es zutiefst. Ich bleibe, was ich bin: ein unschuldiges Naturwesen. Ich habe mich endgültig entschieden: Ich bleibe ein Affe!«

»Noch etwas Antilope?«

»Lieber etwas Elefant, danke. Und glaub ja nicht, deswegen einen Punkt für dich zu buchen, Edward! Jedes Tier weicht auf ungewöhnliche Nahrung aus, wenn es gestreßt und hungrig genug ist. Das ist der Überlebenstrieb. Früchte, Wurzeln und Larven, das ist meine normale Kost, doch unter außergewöhnlichen Umständen fühle ich mich berechtigt, Fleisch zu essen. Meinst du nicht, daß dieser Elefant etwas gar zu abgehangen ist?«

»Mmh ... du hast recht. Wir haben noch etwas Probleme mit dem Erlegen von Elefanten. Diesen hier haben wir verwundet, und wir mußten ihm meilenweit folgen. Dann benötigten wir Tage, um ihn nach Hause zu schleppen. Ganz schön schwer, ein Elefant. Ist dafür aber unglaublich ergiebig.«

»Oh, du brauchst dich nicht zu entschuldigen. Verständlich, unter diesen erschwerenden Umständen. Ist nicht weiter schlimm. Läßt sich dafür besser kauen. Weißt du, Edward, ihr habt noch keine richtigen Kauzähne entwickelt, das ist das Problem. Verliert einen Haufen Zeit mit dem ewigen Kauen. Sehr ungesund im übrigen.«

»Ja, da hast du recht«, nickte Vater.

»Siehst du? Du willst doch nicht etwa behaupten, daß die natürlichen Gebote nicht vernünftig und einleuchtend sind? ›Du sollst kein Großwildjäger sein, weil du nicht die Zähne dafür hast.‹ Eindeutiger als das ... Oder: ›Du sollst kein Feuer von dem Berg stehlen, weil du einen hübschen, dichten Pelz hast, der dich warmhält.‹«

»Habe ich aber nicht«, protestierte Vater. »Schon seit Jahren nicht mehr. Im übrigen, das war nicht der ausschlaggebende Faktor. Wir mußten etwas unternehmen, um die Katzen davon abzubringen, uns zu essen. Das nennst du vielleicht natürlich, was? Selbstverständlich, jetzt, wo wir es haben, ist das Feuer in vielerlei Hinsicht nützlich. Oswald, mein Junge, leg doch bitte noch einen Baum auf.«

»Du sollst nicht vom Baum der Erkenntnis des Guten und des Bösen essen«, zitierte Onkel Wanja bekümmert und trat einen Schritt zurück.

»Im übrigen, ich bin gar nicht sicher, ob wir uns bereits außerhalb der Natur befinden«, fuhr Vater fort. »Du hast meine Frage noch nicht beantwortet. Warum sollte die Entdeckung des Feuers keine Evolution sein? So wie die Giraffe ihren Hals verlängert oder das Pferd seine Zehen verkümmern läßt? Falls das Eis bis zu uns vordringt, würde mir das Fell wahrscheinlich wieder nachwachsen, doch wer weiß, wie lange das dauert. Und wenn das Klima wieder heiß wird, würde es ein anderes mühseliges Zeitalter dauern, bis man wieder kahl ist. Es müßte doch möglich sein, seinen Pelz an-

und auszuziehen, wenn man Lust dazu hat – das wäre doch angenehm, findest du nicht auch? Läßt sich wohl nicht so einfach bewerkstelligen.«

Onkel Wanja schnaubte grimmig in sich hinein.

»Einstweilen haben wir das Feuer und können die Wärme nach Belieben höher oder niedriger einstellen. Anpassung nennt sich das. Das ist das gleiche wie Evolution, nur daß wir schneller vorankommen damit.«

»Genau das ist der Punkt, mein armer Möchtegern-Mensch!« brüllte Onkel Wanja. »Siehst du denn nicht ein, daß du nicht das Recht hast, die Dinge zu beschleunigen? Du forderst die Ereignisse heraus, das ist es, was du tust, anstatt dich von ihnen in die Zukunft tragen zu lassen. Behauptest, einen Willen zu haben. Einen freien Willen sogar! Beschleunigst die Natur. Die Natur läßt sich nicht beschleunigen! Du wirst es schon noch zu spüren bekommen.«

»Ist doch genau dasselbe«, erwiderte Vater beleidigt. »Wir kommen bloß ein bißchen schneller voran, das ist alles.«

»Das ist keineswegs dasselbe. Das ist etwas ganz anderes. Es ist eine ungesunde Eile! Es bedeutet, in Jahrtausenden erreichen zu wollen, was Millionen und Abermillionen Jahre dauern müßte – vorausgesetzt, daß es überhaupt erreicht werden muß, was ich für höchst unwahrscheinlich halte. Dieses mörderische Tempo ist lebensfeindlich! Komm mir nicht mit der Evolution, Edward. Im übrigen, es ist nicht an dir zu entscheiden, ob du dich weiterentwickeln willst oder nicht. Was du tust, ist – nach deinen eigenen Worten! – etwas ganz anderes! Du willst schlicht immer höher hinaus, Edward. Immer höher hinaus. Und das ist widernatürlich, unbotmäßig, überheblich ... und überdies vulgär, jawohl, vulgär, kleinbürgerlich und materialistisch. Sag mal, Edward, glaubst du etwa, der Urvater einer neuen Spezies zu sein? Gib's zu.«

Vater hüstelte verlegen. »Um ehrlich zu sein, der Gedanke ist mir auch schon durch den Kopf gegangen …«

»Ich wußte es ja«, rief Onkel Wanja triumphierend. »Edward, ich kann dich lesen, wie ein … wie ein … well, ich weiß genau, was du im Sinn hast. Hochmut, sündiger Hochmut der Kreatur! Er wird nicht unbestraft bleiben. Merk dir meine Worte. Du wirst dich nicht so einfach aus der Affäre ziehen. Nein. Und ich sag dir auch warum: Du bist nicht mehr unschuldig. Du bist ein tumber Tor. Du hast deine Bindung zur Natur abgeschüttelt, und nun glaubst du, die Natur am Schwanz lenken zu können. Du wirst schon noch einsehen, daß das nicht so einfach ist, wie du es dir vorstellst, mein Lieber. Immer höher hinaus, was? Instinkt genügt dir wohl nicht mehr? Mal sehen, wohin das führt. Meine Güte, was macht denn dieser garstige Junge?«

Der ertappte Alexander fuhr hinter dem Rücken seines Onkels zusammen und wollte auf die Bäume entwischen. Doch Onkel Wanjas langer Arm war schneller und zog ihn blitzschnell am Ohr zurück.

»Auaa«, schrie Alexander gellend, während sein Ohr erbarmungslos gezwirnt wurde.

»Was hast du angestellt?« brüllte Onkel Wanja.

»Ich … ich habe bloß …«, schluchzte Alexander. Er hielt ein angekohltes Stück Holz in der Hand und war über und über schwarz verschmiert.

»Eine Unverschämtheit«, donnerte Onkel Wanja.

»Zeig her«, sagte Papa und eilte auf die beiden zu. Wir drängten uns in einem Halbkreis und folgten Onkel Wanjas zornigem Blick. Und was sahen wir dort?

Onkel Wanjas Schatten auf dem glatten Felsen war sorgfältig mit einem Kohlestift nachgezogen. Es war ganz eindeutig Onkel Wanjas Schatten. Kein Irrtum war möglich. Wir erkannten seine breiten, hängenden Schultern, seine haarigen, halbgebeugten Knie, sein zottiges Hinterteil, den vorspringenden Kiefer ... und vor allem seinen unverkennbaren, anklagend ausgestreckten Affenarm. Es war Onkel Wanjas Schatten! Unverrückbar, auf die verblüffendste Art und Weise festgehalten, inmitten aller anderen im Feuerschein tanzenden und huschenden Schatten.

»Was ist das?« fragte Onkel Wanja mit unheilverkündender Stimme, obwohl es darauf nur eine unheilvolle Antwort geben konnte.

»Fff ... figürliche Kunst«, stammelte Alexander.

»Du Bengel«, stieß Onkel Wanja gellend hervor. »Was hast du mit meinem Schatten gemacht?«

»Du hast ihn immer noch ... oder er ist dir ganz schnell nachgewachsen, schau doch«, beschwichtigte Vater.

»Uff ... tatsächlich ... da ist er ja.« Onkel Wanja atmete sichtlich erleichtert auf. »Aber ich verbitte mir ein für allemal, Edward, daß deine ungezogenen Rotznasen ihn mir auch nur einen Augenblick lang abschneiden. Er hätte mich ja ernstlich verletzen können. Du hast kein Anrecht auf meinen Schatten. Ich will den alten wieder zurückhaben, und zwar sofort, verstanden?«

»Hol ihn herunter, Alexander«, befahl Vater.

Der zerknirschte Alexander gab sich alle Mühe. »Es geht nicht«, sagte er kleinlaut. »Ich kann ihn aber auswischen, wenn ihr meint ... Es ist nur eine Zeichnung.« Zu unserem Erstaunen verschwand der Schatten unter Alexanders schmutzigem Fuß.

»Nur eine Zeichnung! Das ist der Gipfel, der absolute Gipfel. Siehst du nun, Edward? Du hast das Ding, das du Fortschritt zu nennen beliebst, überhaupt nicht im Griff.«

Und Onkel Wanja flüsterte dem entsetzten Alexander grimmig ins mißhandelte Ohr: »Du sollst dir kein Götzenbild von deinem Onkel machen!«

Vater wandte ein: »Es war ungezogen von ihm, gewiß, doch bestimmt nicht bös gemeint.«

Onkel Wanja rang nach Luft. »Hört euch das an … Nicht bös gemeint. Edward, du bist ein Einfaltspinsel. Eine Natternbrut ist das. Ich gehe.«

»Wohin?« fragte Vater unschuldig.

»Back to the trees!« brüllte Onkel Wanja und verschwand in den Bäumen.

Vater verprügelte Alexander, doch jeder konnte sehen, daß ihm nicht besonders ernst war damit.

»Zeichne den Schatten anderer nicht mehr nach, mein Junge. Es gehört sich nicht. Es führt leicht zu Mißverständnissen und Ärger. Auf dieser Stufe der kulturellen Entwicklung muß man behutsam vorgehen. Ich will damit nicht sagen, daß du … hm … daß du deine kreative Selbstverwirklichung ganz unterdrücken mußt. Laß mich darüber nachdenken.«

In den folgenden Wochen verbrachten Vater und Alexander eine ganze Menge Zeit am Fuß einer senkrecht abfallenden Felswand; zwischendurch kehrte einer von beiden zum Feuer zurück, um verkohlte Zweige zu holen. Wenn wir sehen wollten, was sie eigentlich trieben, verscheuchten sie uns. Doch ein paar Tage später kamen sie triumphierend in die Höhle und verkündeten: »Jetzt könnt ihr alle kommen.«

Wir eilten zur Felswand. Und dort stand riesig und

prächtig und bedrohlich ein schwarzes Mammut in Lebensgröße!

Die Frauen kreischten auf und flohen entsetzt; Kinder flitzten schutzsuchend auf die Bäume. Nur Oswald, Wilbur und ich waren bewaffnet. Wir zückten natürlich sofort unsere Speere.

»Hinter die Ohrlappen! Schießt, Jungs, und dann rette sich, wer kann«, brüllte Oswald.

Doch die Speere prallten an ihm ab, und das Mammut rührte sich nicht von der Stelle. Plötzlich sahen wir, daß sich Vater und Alexander den Bauch hielten vor Lachen.

»Nur keine Aufregung«, sagte Vater. »Wir haben bloß den Beweis für ein wichtiges psychologisches Phänomen erbringen wollen.«

»Es ist wirklich ein Mammut, ich könnte schwören …«, beharrte Alexander.

»Was?« fragte Vater.

»Es hat sich bewegt«, murmelte Oswald.

»Genau!«

»Es ist der Schatten eines Mammuts«, stellte ich fest. »Doch wo ist das Mammut?«

»Ich wette, wir haben es verwundet«, sagte Oswald, »los, wir müssen ihm folgen und es erlegen.«

»Es ist wohl besser, du zeichnest das nächste Mal eine Antilope«, meinte Vater zu Alexander. »Eingefleischte Jäger sind nun mal sture Kerle.«

Nichtsdestotrotz: Kurze Zeit später orteten Oswald und ich tatsächlich ein Mammut und erlegten es auch. Es war dem Schatten wie aus dem Gesicht geschnitten. Und dann geschah etwas höchst Folgenschweres: Der Schatten auf dem Felsen verschwand. Mir kam es überhaupt merkwürdig vor, daß wir das Mammut essen konnten, ohne seinen Schatten zu beschädigen. Am Morgen, nachdem wir es aufgegessen hatten – es war ein wunderbarer Morgen, hell und frisch und golden nach dem Regen –, wollte ich ein oder zwei Speere auf seinen Schatten abschießen.

Der Schatten war weg.

Ich rannte mit der Neuigkeit nach Hause. Vater war verärgert; er wollte mir einfach nicht glauben, mußte aber schließlich zugeben, daß ich recht hatte. Er starrte eine gute Stunde lang den nackten Felsen an und stellte dann fest: »Es gibt eine ganz einfache, eine natürliche Erklärung dafür.«

»Sicher, Vater«, sagte ich, »wir haben den Schatten zusammen mit dem Mammut gekaut und geschluckt.«

»Ernest, mein Junge«, entgegnete Vater, »du wirst es mit deinem Scharfsinn noch weit bringen. Zu weit wahrscheinlich. Geh und klopfe Steine, bis ich dir sage, daß du damit aufhören kannst. Ein Hirn wie deines darf nicht überhitzt werden.«

O je! Eine tödlich eintönige Arbeit für einen Intellektuellen. Und die Erlösung ließ lange, lange auf sich warten.

7

Bis zum plötzlichen Aufblühen seiner Begabung hatte ich Alexander nicht besonders ernst genommen, doch nun empfand ich zunehmenden Respekt vor ihm. Er war bald sehr geschickt im Einfangen von Schatten verschiedenster Tiere auf dem Felsen; seine Kunst zog ein zahlreiches, bewunderndes Publikum an. Es schmeichelte mir, daß der bedeutungsvolle Zusammenhang zwischen dem Einfangen von Schatten, dem Beschießen von Schatten und dem sich daran anschließenden Erlegen der Beute erkannt worden war. Für mich galt es als erwiesen, daß dies höchst praktische Folgen haben würde und großartige Möglichkeiten eröffnete. Mir war unerklärlich, warum Vater sich darauf versteifte, darüber nachzugrübeln, warum Alexanders Werk im Anschluß an unsere Jagd verblaßte.

»Meisterwerke«, sagte er traurig, »herrliche primitive Felsbilder … und alle verschwunden. Die brillante Technik, die kraftvolle Komposition … das Agens jedoch nicht witterungsbeständig, die Fläche weder grundiert noch geschützt, mein armer Junge, die Nachwelt wird dir nie die Anerkennung zollen können, die deinem Werk gebührt. Ich zweifle, daß es in der Höhle länger überdauert … trotzdem, warum zeichnest du nicht im Innern?«

»Weil ich drinnen soviel wie nichts sehe«, antwortete Alexander lakonisch.

»Was gäb ich nicht für Licht und Wasser«, seufzte Vater und entfernte sich.

Niemand konnte behaupten, Vater sei ein aufbrausender Charakter, im Gegenteil, er war meistens guter Laune, fröhlich und rührig, fand Arbeit für jeden und überwachte alles. Einmal diskutierte er mit den Tanten über die beste Art, Häute zu schaben und zu gerben, dann wiederum studierte er die elastischen Eigenschaften von Schlingpflanzen oder grübelte über die Verwendung ausrangierter Geweihe.

»Das Erfolgsgeheimnis der modernen Industrie liegt in der intelligenten Nutzung von Nebenprodukten«, pflegte er mit gerunzelter Stirn zu sagen.

Und packte plötzlich einen kleinen Knirps, der auf allen vieren auf dem Fußboden herumkrabbelte, gab ihm einen schallenden Klaps auf das Hinterteil, stellte ihn auf die Beine und schimpfte meine Schwestern aus.

»Wann begreift ihr endlich, daß sie mit zwei Jahren stehen müssen! Merkt euch endlich, daß der instinktive Hang, zur vierbeinigen Fortbewegung zurückzukehren, ausgemerzt werden muß. Endgültig. Bis wir diesen Instinkt nicht abgelegt haben, ist alles verlorene Liebesmüh! Wir begannen das ferne Miozän mit dem aufrechten Gang, und wenn ihr glaubt, ich ließe es zu, daß wegen ein paar müßiger Frauenzimmer Millionen von Jahren Fortschritt zunichte gemacht werden, da irrt ihr euch gewaltig. Stell das Kind auf die Hinterbeine, Miss, oder ich versohle euch das Hinterteil. Mir ist ganz und gar nicht zum Scherzen zumute!«

Zu jener Zeit schien er oft in Depressionen und Mutlosigkeit zu verfallen. Was wir gar nicht verstehen konnten, denn es war uns noch nie so gut gegangen. Wir Jungen kehrten mit erlegtem Wild beladen von der Jagd zurück, doch Vater schaute bloß kurz auf und sagte: »Schön, schön, Gazelle, Pavian, Kuhantilope, alles gut und recht, doch was habt ihr sonst noch getan?

Etwas wirklich Neues, meine ich.« Wir erzählten ihm, was wir auf der Jagd erlebt hatten. Vater und die Frauen hörten aufmerksam zu. Doch dann folgte unweigerlich die ernüchternde Bemerkung: »Ja, ja, immer das Übliche. Was ist neu daran, frag ich euch?«

»Ich bitte dich, Vater, was gibt es Neues zu erfinden auf der Jagd?« protestierte Oswald. »Wir tun genau das, was du uns beigebracht hast. Sollen wir vielleicht einen Löwen jagen?«

»Nein, nein, darum geht es doch überhaupt nicht, und das wißt ihr ganz genau«, entgegnete Vater gereizt. »Ihr könnt keinen Löwen jagen, solange ... genau da liegt der Hase ... Mmh, sagt mal, seid ihr zufrieden mit eurer Ausrüstung?«

»Aber sicher, Vater«, sagte Oswald.

»Und du, Ernest, was für Fortschritte hast du gemacht?« wandte sich Vater ungeduldig an mich. »Du bist nun praktisch erwachsen!«

»Vater«, sagte ich, »ich denke an irgendwelche Zaubertricks mit den Schatten ...«

»Pfui!« knurrte Vater. »Und das sollen meine erwachsenen Söhne sein! William, du bist wohl zu jung für Prüfungen.«

»Ich habe das hier gefunden«, zwitscherte William zur allgemeinen Verblüffung.

»Zeig her«, befahl Vater.

Und William hielt ihm ein kleines, zappelndes Knäuel hin. »Ein Hündchen«, sagte William. »Ich habe ihn Lumpi genannt.«

»Paß auf, daß dir nicht übel wird davon«, mischte sich Mutter ein. »Sie werden im Nu schrecklich zäh vor lauter Herumrennen. Du solltest ihn besser schnell essen, aber kau ihn ja gut, Liebling.«

»Aber ich will ihn doch gar nicht essen«, schluchzte William.

»Dann wirf ihn mir herüber«, sagte Oswald.

»Nein!« heulte William. »Nein. Ich will nicht. Ich will nicht, daß ihn jemand ißt. Er gehört mir. Niemand darf ihn essen, verstanden? Armer kleiner Lumpi.«

»Der spinnt«, seufzte Oswald.

»Das Biest beißt ihn noch; soll ich es ihm wegnehmen?« fragte ich.

»Nein, rühr meinen Hund ja nicht an, Ernest«, schrie William mich an. »Ich heiß ihn sonst, dich zu beißen.«

»Er war schon immer ein hysterischer kleiner Junge«, versuchte Tante Nellie zu beschwichtigen. »Als er kleiner war, hatte er viel öfter solche Anfälle. Laßt mich machen. William, komm schon, Hündchen beißen, weißt du? Und sie haben so häßliche Angewohnheiten. Komm, ich schneid ihn dir in Häppchen, und du kannst ihn zum Abendessen für dich ganz alleine haben.«

»Ich hasse dich! Ich hasse dich!« zeterte William, und der Hund begann wütend zu kläffen.

»Halt. Nicht doch«, sagte Vater, als Oswald drohend aufstand. »Dahinter steckt mehr, als es den Anschein macht. Beruhige dich, William. Du willst also den Hund nicht essen. Gut, du brauchst ihn nicht zu essen. Aber was willst du denn mit ihm anfangen, sag?«

»Ich … ich will ihn großziehen, Vater. Seine Mutter wurde getötet, alle seine Brüderchen und Schwesterchen auch. Er ist ganz allein auf der Welt und zu klein, um der Meute zu folgen. Er ist ganz lieb … meistens. Ich habe mir gedacht, daß wir zusammen groß werden und dann für immer Freunde sind.«

»Was in aller Welt soll das?« fragte Oswald ungeduldig. »Selbst wenn du ihn dressierst, je größer er wird, desto zäher wird er. Überleg doch mal.«

»Genug, Oswald. Überlaß das bitte mir. Hör zu, William, ich schimpfe dich nicht aus. Doch das Ganze muß einen Sinn haben. Wozu soll das gut sein, mein Junge, einen großen, gelben, bissigen Köter zum Freund zu haben? Er wird dir dein Fleisch wegschnappen, das ist so sicher wie ...«

»Das ist mir egal«, sagte William trotzig. »Nicht, solange er klein ist. Und wenn er größer ist, gehen wir zusammen jagen und teilen die Beute. Er ist sehr nützlich auf der Jagd, weil er schnell rennen kann.«

Oswald japste vor Lachen: »Das ist das läppischste, was ich je ...«

»Oswald, ich bitte dich«, fiel ihm Vater barsch ins Wort. »Ruhe! Das ist gar nicht so läppisch, wie ihr vielleicht glaubt. Laßt mich überlegen ... William, ich bin mir nicht ganz sicher, doch ich glaube, du hast wirklich etwas Neues gefunden. Warum denn nicht? Hund, treuer Gefährte des Menschen. Mensch und Hund ... gemeinsam auf der Jagd ... mmh ... bei Dingo, daraus könnte sich tatsächlich etwas ergeben. Tatsächlich. Hunde ... Terrier ... Spaniel ... Pointer ... ganz neue Aspekte. William, wie weit sind die Beziehungen zwischen dir und dem kleinen Köter gediehen?«

»Well«, sagte William unsicher. »Ich versuche, ihm das Männchenmachen beizubringen. Er kann's schon fast.«

»Dann laß mal sehen«, forderte Vater ihn auf.

Wir drängten uns um William, der mit der einen Hand den Hund am Genick festhielt, mit der anderen einen Straußschenkelknochen drei Fuß über seiner Schnauze schwenkte.

»Er muß auf seinen Hinterbeinen sitzen«, erklärte William, »die Vorderpfoten hochhalten und warten, bis ich ihm den Knochen gebe. Später bringe ich ihm ›Sitz‹ und ›Nimm‹ bei, was heißt, daß er kein bißchen Fleisch anrühren darf, bis ich ›Nimm‹ sage. Dann lehre ich ihn ›Bitte‹ und ›Danke‹, dann ›Platz‹ und dann ...«

»Sehr gut«, sagte Vater, »ich sehe, du hast dir das Ganze gut zurechtgelegt. Nun zeig uns also, wie er Männchen macht.«

»Also ...«, sagte William unsicher. »Komm, Lumpi! Mach Männchen! Männchen, Lumpi, braver Hund!«

Das Hündchen versuchte sich knurrend und schnappend von Williams Griff zu befreien. Und als er ihn losließ ... ging alles blitzschnell. Lumpi machte einen Satz und biß William wütend in die Hand. William schrie »Auaaa, böser Lumpi« und ließ den Schenkelknochen fallen. Lumpi stürzte sich auf den Schenkelknochen und schoß zwischen Oswalds Beinen davon. Oswald wollte Lumpi packen, traf aber daneben, schlug zornig fluchend mit den Fingerknöcheln auf dem felsigen Küchenboden auf. Ich hatte allerdings von allem Anfang an geahnt, daß etwas schiefgehen würde, hatte mich daher mit einem Stock bewaffnet und wollte damit auf Lumpi einschlagen, traf aber statt dessen Alexander empfindlich in die Kniekehle. Alexander taumelte rückwärts, versetzte dabei mit dem Ellbogen Tante Pam einen heftigen Stoß in den Bauch. Tante Pam landete in der glimmenden Asche, kreischte auf und packte Tante Mildred bei den Haaren, um sich daran hochzuziehen. Tante Mildred kreischte ebenfalls, worauf alle Tanten in Heulen ausbrachen, während Mutter Bananenblätter auf Tante Pams Hinterteil legte. Meine Schwester Elsie, die als einzige hinter dem Hund hergerannt war, kam atemlos zurück. »Er ist abgehauen«, stellte sie nüchtern fest.

Wir sahen Lumpi nie wieder, obwohl ihn William suchen ging – nachdem er sich reihum entschuldigt hatte.

»Da bist du ja«, sagte Vater, als er zurückkehrte. »Ich fürchte, es war eine zu schwierige Aufgabe für dich, William. Schade, wirklich schade.«

»Ich bin sicher, daß ich es richtig angepackt habe«, sagte William schnupfend und leckte sich die Hand. »Man muß sie fangen, solange sie noch jung sind, und muß ganz lieb mit ihnen umgehen.«

»Allerdings«, meinte Vater trocken. »Der Haken ist nur: Was tust du, wenn sie sich weiter wie wilde Tiere benehmen? Darin liegt das Problem. Wenn sich die Wunde an deiner Hand entzündet, wirst du sterben und zum Märtyrer des Fortschritts werden«, fügte er freundlich hinzu. »Laß also den Kopf nicht hängen, mein Junge. In deinem Alter der Zeit voraus zu sein, das allein ist schon etwas. Du und Alexander, ihr habt eure Sache recht gut gemacht. Ich hoffe bloß, daß die vielversprechenden Ansätze nicht durch übertriebene Jagdleidenschaft zunichte gemacht werden, wenn ihr älter seid.« Und er warf Oswald und mir einen bedeutungsschweren Blick zu. »Laßt es euch eine Lehre sein, ihr Älteren. Wir haben noch viel Denkarbeit zu leisten, eine Menge zu lernen und einen langen, langen Weg zu gehen. Wir dürfen weder ruhen noch rasten. Daher meine Frage an euch: Wohin genau führt uns der nächste Schritt?«

»Vorerst einmal muß noch tüchtig gekaut werden«, sagte Mutter. »Wenn dieser Elefant nicht bald aufgegessen ist, wird er noch ganz ungenießbar.«

»Du sagst es, meine Liebe«, sagte Vater und langte nach einem Rippenstück. »Vielleicht hast du sogar den Kern des Problems getroffen. Ich denke schon die ganze Zeit darüber nach: Über den Daumen gepeilt, verbringen wir rund ein Drittel unserer Zeit mit Schlafen, ein Drittel unserer Zeit auf der Nahrungssuche, und das ganze verbleibende Drittel mit Essen. Und haben trotzdem nie genug Zeit zum Essen. Mein Sodbrennen hat sich in letzter Zeit verschlimmert, was mich in meinen Überlegungen nur bestärkt. Wenn allein schon die tägliche Kauroutine uns derart in Anspruch nimmt, wo bleibt dann noch Zeit fürs Denken? Daß Wiederkäuen besinnliches Nachdenken fördert, ist ein Irrtum, zumindest nicht unsere Art zu kauen. Um unseren Horizont zu erweitern und zu einer längerfristigen, vertiefteren Sicht unserer Ziele zu gelangen, brauchen wir etwas Ruhe vom Knirschen unserer Kiefer. Ohne eine gewisse Muße ist keine kreative Denkarbeit möglich – keine Kultur, keine Zivilisation.«

»Was ist Kultur, Vater?« fragte Oswald mampfend, die Backen voll Elefant.

»Eine gute Frage«, antwortete Vater sarkastisch. »Es gibt keinen Blinderen als den, der nicht sehen will.«

»Wie weit müssen wir denn noch gehen, Vater?« fragte ich. »Haben wir es nicht recht komfortabel hier?«

»Unsinn«, schnaubte Vater. »Komfortabel? Du meinst damit wohl, daß wir uns den Umständen angepaßt haben. Das behaupten alle, wenn sie von der Evolution genug haben. So tönt es aus dem Munde eines Spezialisten, bevor ein noch spezialisierterer Spezialist daherkommt und ihn verschluckt. Wie oft muß ich dir das noch predigen, Ernest? Manchmal habe ich das Gefühl, daß es zwischen deinen Ohren gewaltig zieht. Und du nennst dich die Krone und der Höhepunkt von Millionen von Jahren Evolutionsbemühungen deiner Ahnen. Pah!«

»Well«, sagte ich und spürte, wie mir das Blut in die Ohren schoß, »trotzdem, wie weit müssen wir noch gehen?«

Vater legte sein Stück Elefant auf die Seite und preßte nachdenklich die Fingerspitzen gegeneinander. »Das«, sagte er, »das hängt davon ab, wo wir zum gegenwärtigen Zeitpunkt stehen.«

»Wo stehen wir?« fragte ich.

»Ich bin nicht sicher«, antwortete Vater mit leiser, ungewohnt trauriger und ernster Stimme. »Ich bin nicht sicher. Ich schätze, in der Mitte des Pleistozäns. Ich bezweifle, daß wir das Späte Pleistozän schon erreicht haben. Ich wünschte mir, es wäre so, Ernest. Ich wünschte es mir. Wenn ich jedoch dich anschaue, dir zuhöre, kommt es mir eher unwahrscheinlich vor. Ja, wenn Alexander und William etwas bewegen könnten ... ich glaube allerdings, daß ihre Ideen ihre Erfahrung höhlenhoch übersteigen. Tatsache ist ...«, und seine Stimme erstarb zu einem Flüstern, »Tatsache ist, daß mir in letzter Zeit wiederholt der Verdacht gekommen ist, daß wir noch am Anfang des Frühen Pleistozäns stehen.«

»Du bist überarbeitet, Lieber«, sagte Mutter und tätschelte liebevoll seine Hand. »Wenn du dir doch nur ein paar Tage Urlaub gönntest ...«

Das Gesicht meines von Selbstzweifeln gequälten Vaters erstarrte zu einer tragischen Maske. Er fiel in tiefes Schweigen. Nur das Knistern des Feuers und das Knistern der Läuse (Pediculae antiquae) war zu hören, während sich die Frauen gegenseitig stumm das glatte, lange Haar lausten. Um die beklemmende Stille zu brechen, sagte ich: »Wie ließe sich herausfinden, wo wir stehen?«

Vater seufzte tief. »Nur durch deduktives Denken, mein Sohn. Für den, der zu lesen versteht, mangelt es nicht an Zeichen. Nur ein Beispiel: Wenn uns jemals ein Hipparion über den Weg läuft, ein dreizehiges Pferd, dann wissen wir, daß wir kaum über das Pliozän hinaus sind, wir uns also erst am Anfang unseres langen, langen, steilen Weges befinden. Dann müßt ihr euch wirklich in den Hintern kneifen. Ihr wärt dann noch ein Niemand – relativ gesprochen –, reine Niemands.«

»Hab noch nie ein Hipparion gesehen«, sagte Oswald.

»Ich wünschte mir, daß du nie eins sehen wirst«, sagte Vater. »Ihr wißt ja, wie das ist, sie verschwinden nur langsam aus dem Verkehr, diese obsoleten Modelle. Ich würde sagen, sie haben sich tatsächlich bis ins Frühe Pleistozän gehalten. Seht euch doch das alte Chalicotherium an! Es zirkulieren noch eine ganze Menge davon.«

Ich hielt es für klüger, es dabei bewenden zu lassen. Vater war wochenlang mürrisch und geistesabwesend. Ich konnte mir einfach nicht vorstellen, was ihn derart beschäftigte. Daß der genaue Punkt, den wir in der geologischen Zeitrechnung erreicht hatten, eine so wichtige Rolle spielte, das konnte ich mir nicht vorstellen. Warum also all die Aufregung? Alles lief doch bestens in der besten aller Welten. Die Sonne nährte, und der Regen erfrischte die geschäftige Natur. Die Erde bebte und pulsierte unter unseren Füßen; die Vulkane rumpelten emsig, spuckten Lava und dicken, schwarzen Rauch. Wenn milchige Wolkenbänke über Afrika hinwegzogen, lag tagelang penetranter Schwefelgeruch in der Luft. Je weiter die Gletscherkappen nach Süden vorrückten, desto öfter litten wir unter erstikkendem Smog. Die Geisire in den Sümpfen brodelten und blubberten; zischender Dampf entwich aus den Sicherheitsventilen und legte sich über die mageren Talböden. Die Wälder kletterten die Berghänge hinauf, und die überkochenden Berge schleuderten das Grün wieder zurück. Die Pflanzen buhlten um die Gunst der Vögel und Bienen; Blumen und Früchte wetteiferten in verwirrender modischer Vielfalt. Jede Spezies strengte sich nach Kräften an, um die andere an Erfindergeist und Bevölkerungszuwachs zu übertreffen und dadurch ihren Überlebensanspruch unter Beweis zu stellen. Der erleuchtete Egoismus des Individuums war auf größtmögliche Nahrungsproduktion für eine größtmögliche Population ausgerichtet. O süßer Montagmorgen der Welt! O Afrika, fortschrittlichster Kontinent, Wiege der Submenschheit. Bis zum heutigen Tag haben Magie und unserer Hände Arbeit genügt, dachte ich. Wir waren Steinmetze, wir waren Feuerbändiger, wir brauchten bloß mit dem Finger zu schnippen, und alle kuschten – sozusagen. Für mich war die beste aller Welten in Ordnung.

Doch Vater wäre nicht Vater gewesen, hätte er nicht noch höher hinaus gewollt. Er war ganz und gar nicht zufrieden mit dem Resultat seiner Experimente hinsichtlich der zusätzlichen Anwendungsbereiche des Feuers. Er redete schon seit einiger Zeit davon, daß es nicht genügte, gebrauchsfertiges Feuer von den Vulkanen zu importieren; wir müßten versuchen, es selbst zu produzieren.

»Lächerlich«, sagte er, wenn unser Höhlenfeuer zum zehnten oder zehntausendsten Mal ausgegangen war (ich erinnere mich nicht genau, das wievielte Mal es war). »Lächerlich, daß ich jedesmal, wenn eure Spatzenhirn-Tanten den Herd ausgehen lassen, einen Fünfzehntausender besteigen muß. In meinem Alter! Etwas viel verlangt. Da aber keine Hoffnung auf Einsicht sowohl seitens eurer Tanten als auch seitens eurer verehrten Mütter besteht, muß etwas geschehen.«

»Vielleicht läßt sich Feuer ganz einfach nicht herstellen«, wandte ich ein. »Das mit der Selbstentzündung ist vielleicht nur ein Mythos. Oder vielleicht ein Zauber ...«

»Unsinn!« bellte Vater. »Sieh dir das an, du Lemur. Hast du dich nie gefragt, was dies hier ist?«

Er zeigte auf die Flintsteine, die Wilbur eben klopfte. Hin und wieder löste der Schlag einen oder zwei Funken aus. Natürlich sah ich das nicht zum ersten Mal, doch bis dahin hatte ich es nie mit dem heißen, zornigen Ding in Zusammenhang gebracht: mit dem Feuer. Das war doch, als wollte man eine Sumpfratte mit einem Mammut vergleichen. Ich war zum Schluß gekommen (hütete mich allerdings davor, mich Vater zu öffnen), daß es das Leben im Stein war, die Seele des Steins. Wenn es tatsächlich Feuer war, dann würden sich daraus unweigerlich neue Probleme ergeben, dann würden auch die Steine brennen zum Beispiel.

»Sie brennen«, brummte Vater. »Hab's selbst gesehen.« Er fegte wie üblich meine Überlegungen hinweg, wurde jedoch ganz aufgeregt, als Wilbur ihm berichtete, er habe festgestellt, daß gewisse Steine mehr Funken produzierten als andere. Vater beharrte darauf: Wenn man mit funkensprühendem Holz Feuer übertragen könne, so könne man es auch mit funkensprühenden Steinen. Das Prinzip sei genau das gleiche. Das Argument leuchtete mir zwar ein, doch die praktische Umsetzung würde sich meiner Ansicht nach nur mühsam bewerkstelligen lassen, denn Vater gelang es nie, die Fünkchen einzufangen, die aus seinen Steinen sprangen. Und wenn er sie schließlich zornig ins Feuer warf, so brachten sie es bloß zum Erlöschen.

Er habe bloß versucht – erklärte er –, den Flint lang genug und hart genug zu schlagen, um ihn wütend zu machen und zu sehen, ob er sich dabei erhitze. Unbeseelte Dinge würden reagieren wie seine Söhne: Wenn man zwei Stöcke mit genügend Kraft gegeneinander schlage, würden sie sich vor Wut und Anstrengung zu Weißglut steigern.

Er war also überzeugt, kurz vor dem endgültigen Durchbruch zu stehen, und wartete darauf, daß die Stöcke in Flammen aufgingen. Was sie nicht taten. Der einzige Trost war die Entdeckung, daß sich erloschene Glut manchmal wieder entzündet, wenn man hineinbläst. Der Wind hatte ihn darauf gebracht. Und das war's denn auch.

Vater war ratlos. Die Glut mußte nach wie vor vom Feuer eines entfernten Vulkans geholt werden. Die Monate vergingen, und er pröbelte verbissen weiter. Es schien ihm fast den Verstand zu rauben. Zuweilen unterbrach er keuchend seine Arbeit und herrschte mich an: »Ernest! Warum tust du nichts? Ist von dir denn wirklich nie Unterstützung zu erwarten? Hier, nimm die zwei Stöcke und schlag sie gegeneinander, bis sie heiß sind – heiß, hab ich gesagt!«

Ich tat, wie mir befohlen, obwohl ich wußte, daß es vergeudete Energie war. Ich war schließlich kein Vulkan. Wenn ich mich einen Moment ausruhte, trieb mich Vater mit einem großen Geweih an, das mich empfindlich an verschiedenen Stellen gleichzeitig traf. Was blieb mir anderes übrig, als weiterzuschlagen? Das führte doch alles zu nichts. Und Vater wußte das ebensogut wie ich.

Nicht lange darauf kehrte Onkel Ian zurück.

8

Onkel Ian war ein untersetztes Männchen mit krummen Beinen, rotem Haar, einem schütteren roten Bärtchen und strahlenden, blauen Augen; sein Körper war mit Narben übersät, von denen jede einzelne eine lange, aufregende Geschichte hatte. Man brauchte bloß zu fragen: »Wie hast du dir die geholt, Onkel Ian?«

Tante Angela, die ihn schon lange gewittert und von weitem hatte kommen sehen, schoß wie ein geschleuderter Speer aus der Höhle. »Mein kleiner Vagabund!« jubelte sie ein übers andere Mal und führte ihn triumphierend in unsere Mitte.

»Well, Ian«, begrüßte ihn Vater herzlich und legte den Arm um Onkel Ians breite Schulter. »Schön, dich wieder einmal zu sehen.«

»Willkommen zu Hause«, begrüßte ihn Mutter; und wir wiederholten im Chor: »Willkommen, willkommen, willkommen, Onkel Ian.«

Onkel Ian machte feierlich die Runde und wiederholte den Namen jedes einzelnen Familienmitgliedes, um sich zu vergewissern, ob er jeden wiedererkannte: »Ah, Pam, ich habe den armen Monty nicht vergessen. Aggie! Keinen Tag älter, meine Gute, keinen Tag älter. Nellie, etwas mollig, scheint mir. Und wer ist denn das? Oswald? Großes Deinotherium! Bin ich tatsächlich so lange weg gewesen? Du bist ja ein Mann, Oswald. Mmh … Ernest? Nein, an dich kann ich mich nicht erinnern, junger Mann, mhh, dein Geruch hingegen, den vergess ich bestimmt nicht mehr, wie ein Elefant, der etwas im Schild führt. Alexander? William? Euch kenne ich ja noch gar nicht. Well, well, schönes Plätzchen habt ihr da, muß schon sagen ...«

Dann führte Vater Onkel Ian durch unser Anwesen und zeigte ihm alle Errungenschaften; vor allem das Feuer natürlich.

»In China haben sie's auch«, sagte Onkel Ian.

»Was?« rief Vater aus. »Das glaub ich nicht!«

»Aye, sie haben es«, wiederholte Onkel Ian. »Die entdecken immer alles zuerst, weißt du?«

»Und können sie es machen?« fragte Vater besorgt.

»Mmh ... würde mich nicht wundern«, sagte Onkel Ian, doch Vater hatte sein Zögern bemerkt.

»Ich wette, nein. Wir sind technologisch eindeutig im Vorsprung«, sagte Vater unwirsch.

»Warum? Kannst du es?« fragte Onkel Ian.

»Also ... noch nicht ganz, fast sozusagen, wenn die laufenden Experimente abgeschlossen sein werden, glaube ich zuversichtlich, verkünden zu können, daß ...«

»Aye«, sagte Onkel Ian und saugte an einem hohlen Zahn, »wo treibt sich denn unser Wanja in letzter Zeit herum?«

»Auf den Bäumen«, antwortete Vater mißmutig.

Wir verwöhnten unseren lange vermißten Onkel mit dem auserlesensten Fleisch, das wir zu bieten hatten: Prime ribs vom Mammut, zarte Schnitzel vom Chalicotherium, Lende vom Pferd, Keule vom Zebra, Schultern vom Lamm und Eberkopf. Als Beilage gab's Pavianhirn, Krokodileier und Schildkrötenblut, seine Lieblingsspeisen, wie Tante Angela sich noch erinnerte.

»Ein erstklassiges Dinner«, sagte Onkel Ian schließlich und ließ mit spitzen Fingern den letzten Markknochen fallen. »So gut habe ich seit Tschu-k'ou-tien nicht mehr gegessen.«

»China, nehme ich an«, brummte Vater.

Onkel Ian nickte.

Danach mußte er uns natürlich von seinen Reisen erzählen. Wir fütterten die Glut mit einem Berg Ästen, deckten uns mit Knochen zum Nagen ein, mit Speeren zum Anspitzen oder – die Frauen vor allem – mit Häuten zum Schaben und Sehnen zum Sortieren, hockten uns im Kreis um ihn herum. Es war eine epische Geschichte, die Tage und Wochen dauerte. Ich kann hier bloß das Gerippe wiedergeben. Onkel Ian war der größte Reisende, den ich je gekannt habe; Wanderlust und Abenteuergeist steckten ihm im Blut; er hatte ungefähr jedes Land unter der Sonne besucht und alles scharf beobachtet, was es zu beobachten gab. Kein Wunder, daß er so lange weg gewesen war.

»Es bringt nicht viel, in Afrika südwärts zu gehen«, sagte er. »Ein schöner Landstrich zwar, aber das ist auch alles; eine Sackgasse, weit und breit nichts außer salzigem Wasser. Ein rückständiges Land, und die Leute sind ebenso rückständig. Man trifft dort einen anscheinend vielversprechenden Affenmenschen; steht schön aufrecht wie wir, stolziert mit breiten Schultern und hocherhobenem Kopf einher. Doch wenn er sich umdreht, was für eine Enttäuschung. Sein Hirnkasten ist nicht der Rede wert, und erst die Gorillavisage darunter … Verfügt auch bloß über das Vokabular eines Gorillas, zwanzig oder dreißig Wörter, würde ich sagen, kaum mehr. Seine Flintsteine sind erbärmlich, schlicht erbärmlich.«

»Klingt nicht so, als würden sie es dort unten sehr weit bringen«, sagte Vater und rieb sich zufrieden die Hände.

»Ich bezweifle es«, pflichtete Onkel Ian ihm bei und fuhr fort: »Nein, in Afrika muß man nach Norden gehen. Dort gibt es jede Menge Jagdwild, jede Menge zu essen und überall, wo man hinkommt, genug Wasser. Dichter Wald allenthalben und eine höllische Hitze. Die Bewohner neigen zu schwarzer Haut, dies nur nebenbei ...«

»Wie ausgefallen!« rief Vater aus. »Warum denn das?«

»Sie glauben, das schütze besser vor der Sonne und sei unter den Bäumen eine gute Tarnung«, erklärte Onkel Ian.

»Ein großer Fehler«, wandte Vater ein. »Das könnte böse Folgen haben. Die einzige sinnvolle Farbe für die menschliche Haut ist dunkelbraun oder praktisches Khaki – die Farbe der Steppe, die Farbe des Löwen. Ich erachte dies als vom Evolutionsstandpunkt aus erwiesen. Jetzt wirst du mir auch noch erzählen wollen, daß du Hominide mit weißer Haut getroffen hast.«

Als sich das dröhnende Gelächter über diesen Witz gelegt hatte, fuhr Ian mit seiner Geschichte fort.

»Gemach, gemach, es gibt Klimata und Klimata. Jenseits der tropischen Wälder, wenn man in die Sahara kommt, entdeckt man ein Paradies auf Erden! Eine liebliche Hügellandschaft, wogendes Grün, soweit das Auge reicht, von großen Flüssen und zahllosen klaren, sprudelnden Bächen durchzogen, in denen es von Fischen wimmelt. Majestätische Berge, dicht mit Eichen, Buchen und Eschen bewachsen. Und die Weiden erst! Sattes, mit bunten Blumen gesprenkeltes Gras bis zum Horizont. Pferde, Zebras, Antilopen, Gazellen, Schafe, Rinder, unzählige Herden. Eine Augenweide.«

»Horden?« fragte Vater.

»Aye, die Gattung hat sich dort gut verwurzelt, Edward. Die Jagdgründe wurden vernünftig aufgeteilt, wenn auch nicht immer ohne Zwist. Aber es ist für alle mehr als genug vorhanden. Zieh nordwärts, junger Mann«, fügte er hinzu und blickte Oswald an, der ihm mit glänzenden Augen zuhörte. »Dort wartet in der grenzenlosen Landschaft der Sahara ein neues Leben. Ich wäre selbst beinahe dort geblieben, bin dann aber doch weitergezogen.«

»Danach kommt man zum größten aller Seen, einem See viel größer als jeder See in Afrika; er erstreckt sich nach Osten und Westen und versperrt einem den Weg. Also folgte ich seinem Ufer in Richtung Westen durch eine Gegend, wo Affenmenschen sich ausschließlich von Schalentieren ernähren, und zwar gar nicht schlecht. Schließlich gelangte ich zu einer Landenge zwischen dem See und dem salzigen Ozean, in dem die Sonne untergeht. Der Verkehr dort ist sehr rege, Scharen von Mammuts, Wölfen und Bären auf dem Weg nach Norden, und Ströme von Hippos und Giraffen und Löwen und was weiß ich noch, die nach Süden ziehen. In Europa ist es mittlerweile viel zu kalt für sie. War tatsächlich recht kühl in den Pyrenäen, es lag dort mehr Schnee als auf den Bergen des Mondes. Ja, und als ich nach Norden blickte, sah ich riesige vorrückende Eismassen. Trillionentonnen, sag ich euch ...«

»Ich weiß, es ist eine Vereisung im Gang«, sagte Vater sorgenvoll. »Die Frage ist nur, welche. Günz? Mindel? Riß? Würm? Das nämlich ist der entscheidende Punkt.«

»Keine Ahnung«, sagte Onkel Ian. »Ich weiß nur, daß es verdammt kalt war, das ist alles. Von den Pyrenäen stieg ich ins Tal der Dordogne hinunter und traf überall auf herumrennende Rentierherden.«

»Was sind Rentiere?« fragte Oswald.

»Ach so; Rentiere sind Hirsche, die extrem tiefe

Temperaturen aushalten«, erklärte Onkel Ian. »Wie bereits gesagt also, die Rentiere rannten überall herum und die Neandertaloiden hinter ihnen her.«

»Eine andere Spezies von Hominiden?« fragte Vater ganz aufgeregt.

»Ich bin mir nicht ganz sicher, ob es Hominide sind«, entgegnete Onkel Ian. »Wie auch immer, eine originelle Spezies. Unterscheiden sich jedenfalls von uns. Haarig sind sie, haarig, überall, wie riesige Ziegen; kein Wunder bei dem eisigen Wind, der dort bläst. Sie sind nicht besonders groß, aber auch nicht eigentlich klein. Ich bin vielleicht ein oder zwei Zoll größer, was mir den Umgang mit ihnen sehr erleichterte. Sie haben einen riesigen, gewölbten Brustkasten und bewegen sich eher noch wie Affen, sie drücken die Knie durch und gehen auf der äußeren Kante der Fußsohle wie Babys. Sie haben sozusagen keinen Nacken: Ihr Kopf sitzt tief zwischen den Schultern, und ihre Stirn ist unvorteilhaft nieder. Häßlich. Wirklich häßlich. Was jedoch nicht heißt, daß keine graue Materie dahinter steckt. Du liebe Güte, keineswegs! Man sieht tatsächlich das Hirn in Wülsten über den Ohren herausquellen! Meiner Ansicht nach handelt es sich um eine intelligente Rasse. Sie stellen Steinklingen und ähnliche hübsche Werkzeuge her. Obwohl sie kuriose Vorstellungen haben, was wohl von den langen Nächten herrührt, die sie träumend und geschichtenerzählend in den Höhlen verbringen.«

»Was für kuriose Vorstellungen?« fragte Vater.

Onkel Ian schüttelte den Kopf. »Zu metaphysisch für mich, tut mir leid. Ich bin der praktische Typ. Nur um ein Beispiel zu nennen: Sie begraben ihre Toten!«

»Ich nenne das unvernünftig«, sagte Vater.

»Sie denken halt andersherum«, meinte Onkel Ian.

»Und auch die Geschichte mit dem Haar gefällt mir nicht, zu spezialisiert«, fügte Vater hinzu.

»Am meisten zu schaffen machen ihnen die Zähne«, fuhr Onkel Ian fort. »Sie haben ständig Zahnschmerzen; die meisten von ihnen sind eigentliche Zahnmärtyrer. Arthritis haben sie auch. Sie würden sonst aufrechter gehen, denke ich. Ein gräßlich feuchtes Klima!«

»Ich frage mich bloß, wann sie sich vom anthropoiden Gründerstamm abgelöst haben«, grübelte Vater. »Spätestens irgendwann im Pliozän, nehme ich an. Weißt du, ob Verbindungen mit ihnen fruchtbar sind?«

»Mmh, das kann ich erst mit Gewißheit sagen, wenn ich zurückgehe«, sagte Onkel Ian vorsichtig. »Aber ich habe gewisse Anhaltspunkte, es ... mmh ... es anzunehmen. Ich hatte ziemlich Erfolg bei den Mädchen ... auch wenn sie mich baby-face nannten.«

»Gar nicht so dumm«, sagte Vater. Er räusperte sich und preßte mit der für ihn typischen Geste die Fingerspitzen gegeneinander. »Unsere Entwicklung ist paedomorph, siehst du, daher ...«

»Aye. Von Frankreich aus mußte ich wieder nach Osten«, erzählte Onkel Ian weiter, »möglichst nahe dem großen See entlang, um die Steppen und Tundren zu umgehen. Der Homo neanderthalensis ist auf dem ganzen Balkan recht gut verwurzelt. Es war übrigens der anstrengendste Teil meiner Reise. Und so gelangte ich, von Höhle zu Höhle, nach Palästina. Dort herrscht Krieg zwischen den ansässigen Neandertalern und Immigranten aus Afrika.«

»Warum? Mangel an Jagdwild?«

»Wo denkst du hin. Die Gegend dort ist fruchtbar, ein Land, wo Milch und Honig fließt. Aber es liegt so etwas in der Luft, das die Primaten kratzbürstig wie

Gorillas macht, die in saure Äpfel gebissen haben. Und sie kämpfen nicht nur, sie paaren sich auch, und wie!«

»Was oft aufs Gleiche herauskommt«, stellte Vater trocken fest. »Tja, ich frage mich, was dabei herauskommt: Haarige Affen und kahle Affen, die sich im Pleistozän in Palästina kreuzen.«

»Bärtige Propheten, die im Holozän von Heuschrecken und wildem Honig leben«, warf ich ein.

»Erspar uns deine albernen Witze, Ernest«, sagte Vater streng. »Erzähl weiter, Ian. Wohin bist du von dort aus gegangen?«

»Indien, via Arabien. Arabien ist eine grüne, üppig wuchernde, waldige Gegend wie die Sahara, doch es regnet, regnet! In Indien traf ich übrigens auf einen neuen Karnivoren: den in den nächtlichen Wäldern irrlichternden Tiger. Eine extrem frisierte Variante des Smilodons. Ich ziehe ein für allemal den alten Säbelzahn vor. Die meisten Nächte im indischen Dschungel verbrachte ich zuoberst auf den Bäumen, und ich schäme mich nicht im geringsten deswegen. Im übrigen stieß ich in der näheren Umgebung auf eine weitere Spezies der anthropoiden Familie.«

»Eine weitere?« fragte Vater verblüfft.

»Eine weitere«, nickte Onkel Ian. »Brauchst dir aber keine Sorgen zu machen, Edward. Überbleibsel aus dem Miozän. Etwa halb so groß wie wir, mit dem Gehirn eines Affen – nicht größer jedenfalls. Augen unter großen, knochigen Wülsten, und sonst nichts, was man Schädel nennen könnte. Ich hätte sie den Affen zugeordnet, wären sie nicht aufrecht gegangen und hätten sie nicht einen kräftigen, perfekt dreieckigen Kiefer gehabt, der ihnen erlaubte, ganz anständig zu sprechen – Pidgin natürlich: dat ape belong-belong big-big spear und ähnliches Zeug. Ich würde sagen, sie hätten gute Träger abgegeben, hätte ich Zeit gehabt, sie zu schulen – oder hätte ich etwas zum Tragen gehabt. Leider mußten ein paar dran glauben, bevor ich weiterzog ... Und schließlich, Edward, gelangte ich nach China, und dort fand ich den Prototypen des Chinesen, der in der Umgebung von Tschu-k'ou-tien in Höhlen lebt. Ich hielt sie zuerst für Gorillas, doch da irrte ich mich. Sie stehen viel öfter aufrecht und stellen wirklich brauchbare Steinwerkzeuge her. Brauchbar genug, um sich damit gegenseitig aufzuschlitzen jedenfalls.«

Vater nickte. »Spare in der Zeit, so hast du in der Not«, sagte er und schaute vielsagend in die Familienrunde.

»Auch sie haben irgendwo wildes Feuer geholt«, sagte Onkel Ian, »und sind nicht wenig stolz darauf. Doch ehrlich, ich denke, sie sind ziemlich indolent. Die übliche Veranlagung bei den Orientalen. Sie erzählten mir, daß es etwas weiter nördlich, in den Schneewüsten der Tartarei, denselben Typus gebe, bloß größer. Fast fünfzehn Fuß groß und pelzig wie ein Bär. Ich dachte mir, es sei wohl klüger, ein solches Monster gar nicht erst kennenlernen zu wollen. Ich hatte ohnehin die Nase voll vom Sinanthropus. Zudem wollte ich wissen, wie sich die Dinge in Amerika anlaßen!«

»Ah, Amerika!« rief Vater begeistert. »Wie hast du Amerika gefunden?«

»Überhaupt nicht«, antwortete Onkel Ian traurig. »Ein eisiger Vorhang trennt Amerika vom Rest der Welt. Man kommt nicht durch. Nicht einmal der Homo neanderthalensis schafft es. Es wimmelt nur so von Glyptodons – in den Regionen, die nicht unter Eis stehen natürlich.«

»Das sind aber schlechte Nachrichten, Ian, ganz schlechte Nachrichten. Das bedeutet nämlich, daß wir nicht annähernd so weit sind, wie ich hoffte. Noch keine Amerikaner also? Ich kann es kaum glauben.«

»Well, das ist schon ein Weilchen her«, meinte Onkel Ian. »Vielleicht kommt man jetzt durch. Ich habe tatsächlich die Absicht, zurückzukehren, um die Nordost-Passage zu finden.«

»Nein, nein, nein«, heulte Tante Angela herzzerreißend, »genug mit der Stromerei. Bleib hier, ruhe dich aus, laß mich nicht noch einmal allein!«

Onkel Ian tröstete sie, aber ich sah, daß seine Augen in weite, weite Ferne blickten. Ich wußte, daß er nicht lange unter uns weilen würde. Doch, oh-wai, oh-wai, das Ende kam schneller als erwartet.

Onkel Ian zeigte lebhaftes Interesse an Williams Versuchen, Tiere zu domestizieren. Und als Vater sagte: »Er ist seiner Zeit voraus, weißt du? Tatsache ist, daß wir schlicht noch nicht so weit sind«, da antwortete Onkel Ian nachdenklich: »Ich wüßte ein Tier, das mir sehr, sehr nützlich sein könnte, wenn es gezähmt wäre.«

Und dann, eines schönen Morgens, brach ein gewaltiger Tumult aus: Ein unheimliches, noch nie gesehenes Tier brach in unser kleines Gehöft ein – ein Mensch-Pferd. Es wieherte, schnaubte, bockte, schlug aus und fluchte »Brrr, meine Schöne« und »Stillstehen, du Biest«. Als es das Feuer sah, bäumte es sich in panischer Angst, zerstob die Familienmitglieder in alle Richtungen. Für den Bruchteil einer Sekunde erkannten wir, daß es kein Zentaur war, sondern Onkel Ian auf dem Rücken eines Pferdes. In genau dem Moment löste sich Onkel Ians Gestalt vom Pferd, segelte durch die Luft und prallte tödlich am Boden auf. Wir stürzten zu ihm hin, aber jede Hilfe kam zu spät. Er hatte sich das Genick gebrochen.

Wie auch immer: Oswald traf mit einem Speer das fliehende Pferd zwischen das Blatt, und es sank ebenfalls leblos zu Boden.

Erst jetzt erkannten wir das Ausmaß dieser doppelten Tragödie: Onkel Ian, der große Weltenbummler, war tot.

Tante Angela lag besinnungslos vor Schmerz über seiner Leiche.

Und das Pferd, das er zu reiten versucht hatte – wohl um schneller nach Amerika zu kommen –, war, wie es sich herausstellte, keineswegs ein Pferd: Es war ein Hipparion!

9

Wir hatten uns kaum von Onkel Ians Bestattung erholt, als Vater eines schönen Tages Oswald, Alexander, Wilbur und mich zusammenrief und uns verkündete, wir würden ihn auf einer Expedition begleiten. Wir nahmen als selbstverständlich an, daß er damit einen Jagdausflug meinte, doch etwas in seinem Benehmen sagte mir, daß er Ungewöhnliches im Schild führte. Tagelang hatte er teilnahmslos abseits gekauert, was sonst gar nicht seine Art war, hatte jeden unwirsch angeknurrt, der ihm in die Nähe kam. Die Entdeckung, daß das Hipparion noch nicht ausgestorben war, war ein harter Schlag für ihn gewesen, und ich stellte fest, daß sein Haar plötzlich grau gesträhnt war. Doch an jenem besagten Morgen war er wieder munter wie eh und je; er half uns tatkräftig bei den Vorbereitungen, härtete Speerspitzen im Feuer, suchte Steinmesser für die Reise aus, während er Mutter eine ganze Menge Instruktionen gab.

Dann brachen wir auf und zogen durch den Urwald in Richtung Osten. Aha, ein weiterer praktischer Anschauungsunterricht in der Handhabung von Vulkanen, dachten wir, als wir die Berge des Mondes hinter uns ließen und den Weg um den flammenspuckenden Mount Kenia und den rauchenden Ngorongor einschlugen. Ich nahm nicht an, daß er die Absicht hatte, bis zum Kilimandscharo zu gehen, der nicht feuriger war als die anderen Berge. Vater schien im übrigen nicht aufs Jagen erpicht, obwohl Oswald und ich verschiedentlich Witterung aufnahmen. Er rief uns scharf »Bei

Fuß« zurück, und wir marschierten, marschierten. Erst gegen Abend erlaubte er uns, vor Einbruch der Dunkelheit ein Okapi zum Nachtessen zu schießen. Da wir kein Feuer hatten, mußten wir uns beim Wachestehen ablösen.

Am folgenden Tag ging es so weiter, und am folgenden ebenso. Wir waren eindeutig in einer ganz besonderen Mission unterwegs, doch Vater schien keine Lust zu haben, unsere wachsende Neugierde zu stillen. Obwohl er bester Laune war, weckten der entschlossene Blick in seinen Augen und die schnurgerade Richtung, in der wir reisten, böse Vorahnungen in mir. Am fünften Tag schalteten wir endlich eine längere Rast ein und schüttelten die zwanghafte Disziplin von Wanderameisen ab. Vater schnüffelte im Wind, lief hierhin, lief dorthin, um Witterung aufzunehmen. Es handelte sich also doch um eine Jagdexpedition! Wir folgten seinem Beispiel, doch obwohl Oswald wiederholt auf Fährten aufmerksam machte, schien Vater keine zu passen. »Büffel, Vater?« rief Oswald. Doch Vater schüttelte den Kopf. »Zebra also? Pferd? Elefant? Giraffe?« Nichts. Vater schüttelte immer den Kopf und suchte weiter mit der Nase in der Luft nach irgend etwas, was keiner von uns sich vorstellen konnte. Als Oswald schließlich verzweifelt »Mastodon?« rief, sagte Vater bloß: »Dummkopf. Halt … ich glaub, ich hab's, ja, sie sind's.«

Wir streckten alle die Nase in die gleiche Richtung. Da war tatsächlich etwas, im Osten, ganz schwach und weit weg, was, je nach der Windrichtung, deutlich zu riechen war, sich dann wieder verflüchtigte. Es war ein irgendwie vertrauter Geruch, doch noch bevor wir ihn identifizieren konnten, sagte Vater: »Kommt, Jungs, habt bestimmt Durst; ich rieche Wasser, muß gleich hinter den Bäumen dort sein. Wir genehmigen uns einen kühlen Drink, und dann erkläre ich euch alles.«

Als wir, vor Neugierde brennend, Vater durch das Gehölz zum Wasser folgten, verloren wir die Witterung endgültig.

Wir gelangten an einen See, der rosa war vor lauter Flamingos und Seerosen, und suchten uns ein Plätzchen zum Trinken. Es wimmelte von Spuren, so daß wir es für klüger hielten, sowohl die deutlich erkennbaren Krokodile als auch jeden verdächtigen Baumstamm in der Nähe mit Steinen zu beschießen. Dann ging Vater bis zu den Knien ins Wasser, bückte sich und trank, besprengte sich den staubigen Oberkörper und das Gesicht und kam spritzend und planschend wieder ans Ufer.

»Okay, Boys. Jetzt seid ihr an der Reihe, inzwischen passe ich auf. Gebt mir eure Speere.«

Wir stiegen ebenfalls ins Wasser und kehrten nach ein paar Minuten erfrischt ans Ufer zurück, waren aber sehr erstaunt, feststellen zu müssen, daß uns Vater ohne Rückendeckung gelassen hatte und in einer etwa hundert Fuß entfernten Lichtung an einem Kapokbaum lehnte. Unsere Speere steckten fein säuberlich aufgereiht zwischen zwei mächtigen Astsäulen. Er hielt in jeder Hand einen Speer.

Als er uns kommen sah, hob er sie langsam und richtete sie auf uns. »Halt«, rief er, »bleibt stehen, und hört mir zu!«

Wir blieben stehen. Und mir dämmerte, daß wir an einem Wendepunkt standen.

»Nun, Jungs«, sagte Vater. »Ich schulde euch eine Erklärung. Doch versucht ja keinen Affentrick – ich meine Steinewerfen und Ähnliches. Ihr steht in meiner Schußlinie, und ich habe jede Menge Munition. Ihr habt keinerlei Chance. Also, es besteht kein Grund zur Aufregung. Eine ganz einfache Angelegenheit. Ich habe schon seit etlicher Zeit darüber nachgedacht und habe mit euren Müttern darüber gesprochen. Jungs, ihr habt die Pubertät hinter euch. Ihr seid nun in jeglicher Hinsicht erwachsen. Du, Oswald, bist mindestens fünfzehn; Ernest vielleicht ein Jahr jünger, Alexander und Wilbur ungefähr gleich alt. Ihr seid geübte Jäger; ihr kennt das Weidhandwerk, das Savannenhandwerk, das Berghandwerk und alles, was sonst noch dazu gehört. Ihr seid im Herstellen von Steinwerkzeug geschult worden, obwohl nur Wilbur es darin zu etwas gebracht hat. Ihr seid in der Lage, euch selbst zu ernähren. Zudem – und das ist ein unschätzbarer Vorteil für Jungs eures Alters –, ihr wißt, wie man sich wildes Feuer besorgt und wie man es am Brennen hält. Es ist also an der Zeit, eine Lebensgefährtin zu finden und zum Wohle der Spezies eine eigene Familie zu gründen.

Das ist der Grund, warum ich euch hierhergeführt habe. Kaum zwanzig Meilen südlich lebt eine andere Horde.«

»Das war es also!« platzte Oswald heraus und griff sich an den Kopf, »Abfälle! Küchenabfälle! Affenmenschen! Ich hätte draufkommen müssen.«

»Dort lebt eine andere Horde«, wiederholte Vater, »und dort werdet ihr die passende Gefährtin finden.«

»Aber Vater«, protestierte ich, »wir wollen keine fremden Äffinnen zur Frau. Wir haben doch unsere Mädchen zu Hause. Ich habe Elsie, und ...«

»Eben nicht«, fiel ihm Vater ins Wort. »Du wirst eines der Mädchen von dort nehmen.«

»Das ist absurd, Vater«, rief ich empört, »es ist doch alles bereits abgesprochen.«

»Das Volk paart sich immer mit den eigenen Schwestern«, sagte Oswald, »seit Affengedenken.«

»Nicht mehr«, entgegnete Vater, »Exogamie beginnt hier und heute.«

»Das ist gegen die Natur, Vater«, sagte ich. »Tiere machen keine solchen Unterschiede, das weißt du sehr genau. Hin und wieder mag einer aus seiner Horde ausbrechen, meinetwegen, aber das läßt sich doch nicht als Norm bezeichnen.«

»Das ist vor allem absurd unbequem«, fügte Oswald hinzu. »Unsere Mädchen sind unter der Hand, während diese anderen Mädchen ...«

»Ich sehe den Sinn dieser Komplikationen nicht ein«, sagte ich, »was ist an unseren Mädchen zu Hause nicht in Ordnung?«

»Nichts ist mit ihnen nicht in Ordnung«, sagte Vater. »Doch es wird es sein, wenn ihr euch näher mit ihnen einläßt. Wir müssen die Gene vermischen. Das ist allerdings nicht der wichtigste Grund. Der wichtigste Grund ist, daß sie zu leicht zu haben sind. Zu greifbar; zu bequem; zu wenig spannend. Was zu Zügellosigkeit verleitet und sie zum Ventil für undisziplinierte Libido macht. Nein. Wenn wir kulturelle Entwicklung, was für einer Art auch immer, anstreben, müssen wir die Gefühle des Individuums unter Streß halten. Kurz: Ein junger Mann muß in die Welt hinausziehen, um seine Gefährtin zu finden, ihr den Hof machen, sie entführen, um sie kämpfen. Natürliche Selektion.«

»Wir können doch ebensogut zu Hause um die Mädchen kämpfen«, sagte Oswald. »Das hätten wir ohnehin getan. Das gehört einfach dazu. Wie die Tiere. Der Stärkste gewinnt. Ist das vielleicht keine natürliche Selektion?« fügte er scharfsinnig hinzu.

Doch Vater ließ es nicht gelten. »Nicht die richtige Art natürlicher Selektion. Nicht mehr. Es ist mittlerweile zu gefährlich, innerhalb der Familie um Frauen zu kämpfen – mit all diesen neuen tödlichen Waffen, die überall herumliegen. Das mag gut und recht gewesen sein, als sich die Burschen mit altmodischen Keulen die Köpfe einschlugen. Denkt bloß an die feuergehärteten Speerspitzen.«

»Für dich mag das gut und recht gewesen sein«, murrte ich erbittert.

»Die Zeiten haben sich geändert«, sagte Vater. »Besser gesagt, sie haben sich nicht geändert, und genau das ist das Problem. Wir sind weiter zurück, als ich geglaubt habe. Es bringt nichts, als Zeitgenosse des Hipparions im Kreis zu gehen. Es bringt nichts! Eine stagnierende Spezies – das wäre fatal. Wir haben Feuer, aber wir sind nicht in der Lage, es zu produzieren. Wir können Fleisch jagen, doch wir verbringen die Hälfte unserer Zeit damit, es zu kauen. Wir haben Speere, und die größte Reichweite beträgt zweihundert Fuß.«

»Zweihundertneunundsechzig Fuß«, präzisierte Oswald.

»Freak!« herrschte ihn Vater an. »Ich rede von Fortschritt. Du kannst zeichnen, Alexander, doch du kannst die Linie, die du gezeichnet hast, nicht fixieren. Wilbur, du hast ein paar gute Axtklingen zustande gebracht, aber – und ich sage das sehr ungern – die Dinger waren kaum viel besser als Eolithe. Ernest, du denkst, du kannst denken, doch das kannst du nicht, weil die Anzahl der Dinge, die wir tun können, zu begrenzt ist. Was heißt, daß wir unser sehr bescheidenes Vokabular und unsere beschränkte Grammatik nicht erweitern können; was wiederum ein beschränktes Abstraktionsvermögen bedeutet. Sprache ist Ursprung und Erzeugerin von Gedanken, wie du weißt. In Wirklichkeit ist es schlichte Höflichkeit, die paar hundert Substantive, über die wir verfügen, Sprache zu nennen, die knapp zwanzig Allround-Verben, die Armut an Präpositionen und Suffixen, das ständige Zurückgreifen auf die Emphase, Gestik und Lautmalerei, um dem Mangel an Konjugationsmöglichkeiten und Zeitformen abzuhelfen. Nein, nein, meine lieben Söhne; kulturell sind wir nicht viel höher entwickelt als der Pithecanthropus erectus, und der, glaubt mir, der ist eindeutig überholt. Ihr habt gehört, was euer beweinter Onkel Ian über ihn gesagt hat: Er wird auf dem Müll landen, Seite an Seite mit allen anderen Flops der Natur.«

»Ich töte sie jeweils«, sagte Oswald.

»Wunderbar«, sagte Vater, »doch wir haben keineswegs die Absicht, das gleiche Ende zu nehmen. Das ist der Grund, warum wir uns anstrengen müssen. Ich wünschte mir, daß ihr das als vernünftige, verantwortungsbewußte Erwachsene begreift«, fügte er hinzu. In seiner Stimme schwang ein beschwörender Unterton mit. »Es ist unbequem. Ich gebe es zu. Es ist neu. Es wird etwas Zeit brauchen, um sich daran zu gewöhnen – falls ihr euch jemals daran gewöhnt. Doch man kann kein Staubecken bauen, ohne Dämme zu schaffen, Frustrationen, Komplexe. Die Einsicht ist mir beim Beobachten von Bibern gekommen. Sie halten die Flüsse an; und schaut euch die Wucht an, wenn das Wasser durch die enge Lücke drängt, die sie offen lassen. Seht euch die Murchinsonfälle an, oder noch besser, geht hin und seht euch die Viktoriafälle an. Das wird euch eine Vorstellung geben von dem, was ich meine: ein Hindernis, um unwiderstehliche Kräfte auszulösen! Nur, daß wir keine Flüsse sind, sondern es muß in unserem Kopf entstehen.«

»Mittlerweile habe ich einen Katarakt im Kopf«, sagte Wilbur. Er ließ sich auf den Boden fallen und vergrub seine Schnauze in den Händen.

»Anfangs ist es schwer zu verstehen«, sagte Vater. »Doch wenn wir Probleme lösen müssen, werden wir problemsehende und problemlösende Charaktere entwickeln müssen, Moralvorstellungen, ein Gewissen, Schwierigkeiten schaffen, um uns darüber den Kopf zu zerbrechen. Und unsere Willenskräfte an unbeseelten Gegenständen außerhalb unseres Kopfes auslassen, um Erleichterung zu finden.«

»Unglücklich werden wir sein«, sagte ich, »so unglücklich, daß wir aufgeben und erst recht nichts erreichen werden. Glücklich sein, das ist es, was das Leben lebenswert macht.«

»Keineswegs«, sagte Vater aufgeräumt. »Macht nur schlapp. Um privatem Ärger zu entgehen, stürzt man sich in die Arbeit und bringt neuen Elan hinein.«

»Das glaub ich nicht«, entgegnete ich finster.

»Mit der Zeit wirst du bestimmt daran glauben«, sagte Vater. »Und wirst auch einsehen, daß es klüger ist, nicht um Schwestern und Tanten zu kämpfen. Mit all diesen herumliegenden Feuern läuft des Menschen moralisches Bewußtsein Gefahr, hinter seiner technologischen Macht zurückzubleiben.«

»Das ist ein faules Argument«, sagte ich.

»Ich befürchte, das ist eines, das wir immer öfter zu hören bekommen werden.«

»Ich meine damit, daß es dem vorangehenden Argument widerspricht. Zuerst sagst du, wir brauchten eine Sexualmoral, um den technologischen Fortschritt zu erzeugen; und nun sagst du, wir brauchten eine Sexualmoral, um den technologischen Fortschritt zu kontrollieren. Was meinst du nun genau?«

»Beides«, sagte Vater. »Alternative Hypothesen. Eine über alle Zweifel erhabene wissenschaftliche Betrachtungsweise eines Problems. So oder so: Ihr tut, was ich euch heiße.«

»Inzwischen«, warf ich sarkastisch ein, »während wir in die Wildnis gehen, um uns exogam zu zivilisieren, hast du alle Frauen zu Hause für dich allein. Was ist das anderes, möchte ich wissen, als das uralte Bild des auf seine heranwachsenden Söhne eifersüchtigen Vaters?«

»Ach, komm, Ernest«, sagte Vater beleidigt. »Das habe ich wirklich nicht verdient. Ich bin immer ein äußerst verständnisvoller Vater gewesen. Ich hätte euch wie ein finsterer Hordenvater mit Stumpf und Stiel hinauswerfen können. Statt dessen habe ich euch in Riechweite von ... äh ... einem Schwarm entzückender junger Mädchen geführt. Im übrigen, keiner von euch wird behaupten wollen, ich sei hinter den Frauen her. Ich finde sie ermüdend auf die Dauer. Sie gleichen sich alle; zuviel nacktes Fleisch auf einem Haufen ist schrecklich langweilig. Kein Wort gegen eure verehrten Mütter; kein Wort. Aber meine Interessen sind rein wissenschaftlicher Natur.«

»Vater«, sagte Alexander, der bis dahin geschwiegen hatte. »Vater, wie kommen wir an die Mädchen dort drüben heran?«

»Ihr macht ihnen den Hof«, antwortete Vater, fügte dann unsicher hinzu: »Stell ich mir vor. Irgendwie ähnlich, wie die Tiere es machen. Blast eure Brust auf wie Tauben oder eure Wangen wie Ochsenfrösche, oder färbt eure Hinterbacken orange oder irgend etwas.«

»Ich kann nicht«, sagte Alexander. »Ich bin zu schüchtern.«

»Findet es heraus«, sagte Vater. »Das müßt ihr selbständig erledigen. Irgendwie. Ihr glaubt wohl, ich würde alle eure Probleme lösen? Wenn ihr glücklich gepaart seid, könnt ihr die Mädchen nach Hause bringen. Wir sind dann eine Sippe und nicht mehr eine bloße Horde. Los jetzt ... Und Oswald, versuche ja nicht, mir heimlich zu folgen. Ich kenne alle eure Tricks; sie sind gut, aber ich bin schon seit vierzig Jahren auf der Jagd. So gewiß der Hoplophoneus eine Raubkatze ist, so sicher jage ich dir einen Speer durchs Zwerchfell, wenn du mir folgst. Und jetzt – los.«

10

Ich denke, wir hätten Vater überwältigen können, hätten wir wirklich gewollt. Aber einer von uns hätte bestimmt dran glauben müssen, wahrscheinlich zwei, bevor wir ihn erwischt hätten. So waren wir nun gezwungen, schimpfend und zähneknirschend den Rückzug anzutreten, während er drohend seinen mächtigen Speer schwenkte. Außerhalb Schußweite wandten wir ihm schließlich den Rücken zu und schlichen uns in südlicher Richtung davon.

Nach ein paar Meilen befahl uns Oswald anzuhalten. Er war nun unser anerkannter Leader.

»Hört, Brüder«, sagte er, »es bringt überhaupt nichts, blindlings durch die Gegend zu stolpern. Wir müssen beratschlagen, uns einen Angriffsplan zurechtlegen. Verdammter Alter! Bleibt uns nichts anderes übrig, als in den sauren Apfel zu beißen. Mmh ... meiner Witterung nach leben diese Leute kaum mehr als fünfzehn oder zwanzig Meilen von hier entfernt. Wir haben keine Ahnung, wie sie ausschauen, noch was sie im Sinn haben. Wir könnten in eine Jagdparty hineinplatzen, und sie könnten uns für Paviane halten, und wir bekommen unser Fett ab.«

»Bestimmt nicht!« protestierte Wilbur.

»Hängt davon ab, welchen von uns sie zuerst sehen«, knurrte sein Bruder. »Keine unnötigen Risiken.«

»Wenn sie nur die geringste Ähnlichkeit mit uns haben, spießen sie uns zuerst einmal auf und stellen die Fragen nachher«, sagte ich. »Du hast recht, Bruder. Wir müssen uns behutsam nähern. Was schlägst du vor?«

»Da der alte Herr uns die Speere weggenommen hat, müssen wir uns erst einmal bewaffnen«, sagte Oswald mit Nachdruck. »Wilbur, das ist dein Job. Suche Flintsteine und stelle ein paar Äxte und Klingen her; wir sehen uns inzwischen nach geeignetem Holz für Speere und Keulen um.«

»Warum müssen wir Speere und Keulen anfertigen?« fragte Alexander. »Warum gehen wir nicht einfach hin und erklären, warum wir gekommen sind? Wir sind auf Brautschau, nicht auf der Jagd.«

»Kommt aufs gleiche heraus«, sagte Oswald.

»Genau«, sagte ich. »Wir müssen uns ganz nahe anschleichen und uns einen Überblick verschaffen. Wir sind nur zu viert, und sie vielleicht vierzig. Unsere Strategie besteht darin, ihren Fährten zu folgen und Nachzüglern den Weg abzuschneiden; oder sie nachts zu überfallen, und jeder von uns packt sich sein Mädchen – wie die Hyänen.«

Oswald nickte. »Ich stimme Ernest zu. Es ist nicht anzunehmen, daß die ihre Frauen freiwillig gehen lassen, oder? Die sind bestimmt noch nicht auf den verrückten Gedanken gekommen, daß man sich nicht untereinander paaren soll. Wie die Dinge liegen, sind sie von unseren Absichten bestimmt nicht begeistert.«

Alexander brummte: »Mir scheint, das ist eine sehr primitive Art, die Zuneigung eines Mädchens zu gewinnen.« Aber er packte trotzdem bei den Vorbereitungen mit an, blickte jedoch plötzlich auf und sagte: »Also ... ich meine ... habt ihr euch überlegt, ob wir den Mädchen überhaupt gefallen?«

»Und ob wir ihnen gefallen«, sagte Oswald grimmig, während er den Knauf eines drei Fuß langen eichenen Knüttels zurechtschnitt.

Schließlich waren wir bis auf die Zähne bewaffnet und machten uns wieder auf den Weg. Wir rückten vorsichtig gegen den Wind vor, so daß wir möglichst nicht gewittert werden konnten. Wir kampierten in einer Lichtung, schlichen im Schutz des Morgennebels weiter, gingen dann hinter einem niedrigen Felsvorsprung in Deckung, von wo aus wir das Gelände überblicken konnten, wo wir die Horde vermuteten. Als der Nebel sich auflöste, stellten wir fest, daß wir direkt auf sie hinabschauten. Sie lebte am Ufer eines der vielen funkelnden Seen, die in einer fast ununterbrochenen Kette Afrika von Äthiopien bis zum Sambesi bewässern. Seine graublaue Grenzenlosigkeit erstreckte sich bis zum Horizont und war von Vulkanen umgeben, von deren Gipfeln Rauchfahnen aufstiegen und sich im blaßblauen Gewölbe des Himmels verflüchtigten. Von der Siedlung zu unseren Füßen stieg jedoch kein einziges Rauchzeichen auf. Es war eine von Sümpfen umgebene, dicht mit Papyrus und Elefantengras bewachsene Landzunge, übersät mit in den Schlamm gebuddelten Löchern; einige davon waren dürftig mit Palmblättern oder Bambus überdacht. Da und dort kauerten braune Gestalten; nur das Tschp-tschp von gegeneinander geschlagenen Flintsteinen ließ darauf schließen, daß es sich um Affenmenschen und nicht um einen Schimpansenstamm handelte.

»Kein Feuer; keine Höhle«, sagte Oswald herablassend.

»Und keine Ahnung, wie man mit Flint umgeht, hört doch!« rief Wilbur aus.

»Und mit solchen Kreisen sollen wir uns kreuzen!« platzte ich heraus. »Schöne natürliche Selektion, das!« Mein Groll gegen Vater stieg wieder hoch.

Je heller es wurde, desto deutlicher sichtbar wurde

die Dürftigkeit dieses paläolithischen Slums, doch Alexander meinte: »Ich weiß nicht, ob das Ganze tatsächlich so schlimm ist, ich finde das Mädchen dort gar nicht so übel.«

Und tatsächlich: Ein unbestreitbar wohlproportioniertes Mädchen kroch unter einem der Baldachine hervor und ging mit wiegenden Hüften zum Seeufer hinunter.

»Phacophaerus! Sieht euch das an!« rief Oswald mit plötzlicher Begeisterung. »Sie hat Hinterbacken wie ein Flußpferd! Superb! Wer hätte das erwartet in einem solchen Müllhaufen?«

»Schau, dort ist eine andere«, flüsterte Alexander entzückt. Und tatsächlich: Eine zweite ländliche Schönheit tauchte in unserem Blickfeld auf; sie räkelte sich, streckte die Arme der Sonne entgegen, atmete tief die Morgenluft ein und streckte den Busen heraus. Sie schritt tänzelnd zum Wasser hinunter – und hinter ihr her ein weiteres herrliches Frauenzimmer der Spezies von so elefantösen Proportionen, daß Oswald den anerkennenden Pfiff auf Wilburs Lippen gerade noch rechtzeitig ersticken konnte.

»Nimm dich zusammen, du Mandrill«, fauchte Oswald, doch auch er verschlang das Mädchen mit den Augen.

»Warum denn?« fragte Wilbur. »Gehen wir doch runter und holen uns je eines. Worauf warten wir?«

»Darauf!« sagte Oswald lakonisch. Wir schauten in die Richtung seines ausgestreckten Fingers und erblickten eine fraglos väterliche Gestalt, in den wesentlichen Zügen eindeutig subhuman, doch was die Breite der Schultern und die Entwicklung der Muskeln anging noch sehr gorilloid. Der ungeschlachte Kerl patrouillierte mit einer gewaltigen Keule in der Hand nervös auf und ab; zwischendurch streckte er seine weit geblähten Nüstern in die Morgenbrise, und selbst aus dieser Entfernung konnte man sein Gegrunze und Geknurre hören, was nur etwas bedeuten konnte: Verehrer unerwünscht.

»Aha«, sagte Wilbur, und während wir den drohenden Wächter beobachteten, kühlte unsere Leidenschaft merklich ab.

»Ein Frontalangriff käme uns viel zu teuer zu stehen«, sagte Oswald. »Laßt uns in Deckung gehen und das Vorgehen bereden.«

Wir zogen uns also zurück und hielten Kriegsrat. »Ich plädiere für einen nächtlichen Angriff«, sagte Oswald. »Wir stürzen nach Einbruch der Dunkelheit wie Löwen brüllend den Hang hinunter, jeder schnappt sich ein Mädchen, und wir verschwinden, bevor der alte Knabe überhaupt sieht, was los ist. Was meint ihr zu diesem Plan?«

Ich dachte nach. »Würde mich nicht wundern, wenn er mit einem offenen Auge schläft. Würde ich auch an seiner Stelle bei all den entzückenden Dingern. Zudem: denkbar, daß die Mädchen Brüder haben, die Wache stehen und Alarm schlagen, wenn sie die Löwen kommen hören. Selbst wenn wir es schaffen, wie sollen wir in der Dunkelheit erkennen können, wen wir wegschleppen? Ich nehme an, wir haben es auf junge abgesehen und nicht auf irgendwelche alte Frauen – oder?«

Meine Brüder nickten eifrig.

»Nein, du hast recht, das klappt nicht«, sagte Alexander.

»Well, dann mach einen besseren Vorschlag«, bellte Oswald.

»Und wenn wir Fackeln tragen?« schlug Alexander schüchtern vor.

»Mmh ... eine gute Idee«, sagte Oswald. »Das könnte der Trick sein. Die dort unten geraten beim Anblick des Feuers in Panik wie jedes Tier. Wir überrumpeln sie mit lodernden Kienen in der Hand, suchen uns im Feuerschein das richtige Mädchen aus, und weg sind wir, bevor die Horde sich vom Schrecken erholt hat.«

Ich schüttelte den Kopf. »Nein, auch das funktioniert nicht. Der nächste Vulkan ist dreißig Meilen entfernt. Sie würden uns mit unseren Fackeln schon von weitem sehen. Der Überraschungseffekt wäre futsch, und selbst wenn sie vor Angst davonrennen, rennen auch die Mädchen mit ihnen weg.«

»Einleuchtend«, sagte Oswald. »Jetzt bist du mit einem Vorschlag an der Reihe, Ernest. Wir hören. Sieht ganz so aus, als ob wir überhaupt nicht zu einem Mädchen kommen, wenn ihr Jungs vor allem zurückkrebst.«

Ich hatte inzwischen nachgedacht; in meinem Kopf nahm ein Plan Gestalt an: »Ich denke, es gibt einen einfacheren Weg, um ans Ziel zu gelangen«, sagte ich bedächtig. »Überlegt: Sie haben kein Feuer, also können sie nur wenig Großwild jagen. Sie sind viel eher Sammler als Jäger. Das bedeutet, daß sie ziemlich weit wandern müssen, um genug zu essen für die Horde zu finden. Die Chance steht zehn zu eins, daß die jungen Frauen mitgehen, um Kaninchen, Nestlinge und Insekten und solcherlei zu fangen, während die Männer ihr Glück mit Antilopen versuchen. Ich nehme an, daß sie in einem weiten Umkreis ausschwärmen. Ich schlage daher vor, daß wir die Gegend in vier Gebiete aufteilen, und jeder von uns übernimmt eines. Dann, wenn eine Gruppe ein Gebiet betritt, ist es Sache des Betreffenden, die Verfolgung aufzunehmen, zu warten, einem der Mädchen den Weg abzuschneiden, es zu fangen und wegzutragen. Sie werden es natürlich vermissen, werden jedoch den Verlust wahrscheinlich einem Leoparden zuschreiben. Wer weiß, wie oft sie ihre Jungen schon auf diese Weise verloren haben. Möglich, daß einer von uns Pech hat, aber dadurch, daß wir uns aufteilen, verteilen wir das Risiko. Ich schlage vor, wir lassen uns gegenseitig einen Monat Zeit, um eines Mädchens habhaft zu werden. Was meint ihr? Heute in einem Monat treffen wir uns an der Stelle, wo wir Vater verlassen haben, und kehren gemeinsam nach Hause zurück. Mit etwas Glück schafft es jeder, und jeder kommt zu seiner Frau.«

Die anderen überlegten sich meinen Plan; und nach ein paar zusätzlichen Diskussionen wurde er als der unter den gegebenen Umständen durchführbarste angenommen. Wir konnten uns auf den Überraschungseffekt verlassen, denn die Horde hegte wohl nicht den leisesten Verdacht; schließlich war diese Begattungsart noch zu neu.

Und so begegnete ich Griselda.

11

»Hallo«, sagte sie. »Bist ganz schön erhitzt.«

Ich war erhitzt. Mir kam es vor, als hätte ich dieses abscheuliche Gör quer durch ganz Afrika gehetzt. Mein Plan hatte bestens geklappt. Wir hatten das Hinterland des Sees zwischen uns aufgeteilt, und jeder von uns legte sich an dem ihm zugeteilten Platz auf die Lauer wie eine Spinne in ihrem Netz. Die Horde war tatsächlich zur Futtersuche ausgeschwärmt; die einen gingen Krokodileier sammeln, andere durchstöberten Ameisenhaufen nach Mungos oder gruben nach Maulwürfen, wieder andere jagten Affen, Waldducker oder sonstiges Niederwild. Die Mädchen waren selbstverständlich mit von der Partie. Ich folgte also den Fährten eines Trupps, der in mein Territorium eingedrungen war, und wartete eine günstige Gelegenheit ab. Als sich eines der Mädchen entfernte, pirschte ich mich an, um es abzudrängen. Ich schlich wie ein Leopard brüllend hinter ihm her und trieb es immer weiter landeinwärts; als seine Hilferufe von den anderen nicht mehr gehört werden konnten, ging ich zum Angriff über. Es auf einen Baum zu jagen oder einzufangen würde kein Problem sein – dachte ich.

Ich irrte mich. Wenn ich jeweils die Stelle erreichte, wo ich meiner Beute habhaft zu werden glaubte, war sie weg. Sie hatte ungefähr dreihundert Fuß Vorsprung – und ich war bereits ziemlich außer Atem. Na ja, sagte ich mir, sie mag auf kurzen Strecken schneller sein (ich bin schließlich kein Leopard), über eine längere Strecke jedoch werde ich sie problemlos schlagen. Also gönnte ich mir eine kurze Verschnaufpause. Meine einzige Sorge war, daß sie womöglich in einem weiten Bogen zum Ausgangspunkt zurückkehren könnte. Ich kam daher ihren Täuschungsmanövern zuvor und schnitt ihr den Weg ab. Leider versuchte sie es immer dann, wenn sie mich durch einen abrupten Richtungswechsel in einen Sumpf gelockt hatte. Sie wußte offensichtlich genau, welches die morastigsten, schlüpfrigsten und blutegelverseuchtesten Sümpfe waren. Ha! Ich würde ihr das Gruseln schon noch beibringen. Anstatt eines Leoparden war nun eben ein Hippo hinter ihr her. Wenn ich schlammtriefend und von Kopf bis Fuß blutegelübersät aus den Sümpfen auftauchte, schlug sie Gangart und Tempo eines Straußvogels ein und verschwand im hohen Savannengras; und wie der Strauß, schien auch sie immun zu sein gegen die Zeckenschwärme, die sich gierig an mir festsaugten. Ich heftete mich nichtsdestotrotz an ihre Fersen, ließ ihre wippenden Schwanzfedern nicht aus den Augen und folgte unbeirrt ihrer Duftspur.

Dann versuchte sie, mich durch Überqueren von Wasserläufen abzuschütteln. Ich stellte fest, daß sie nicht nur laufen konnte wie ein Strauß, sondern auch schneller schwamm als ein Krokodil. In den Flüssen und Seen war sie den Krokos unweigerlich ein paar Längen voraus. Sie platschte jeweils ins Wasser wie ein Gibbon, der von einem Ast plumpst und stromabwärts getrieben wird, und schreckte die Biester aus ihrem Nickerchen auf. Bis ich dann ins Wasser tauchte, waren die Krokodile hellwach, um sich an mir schadlos zu halten. Ich entwickelte in solchen Situationen spontan einen neuen, blitzschnellen Crawlstil, auf den ich stolz gewesen wäre – hätte ich Zeit zum Denken gehabt.

Um die Verfolgung zusätzlich zu komplizieren, sprang sie zwischendurch plötzlich mitten in ein Rudel in der Sonne dösender Löwen oder säbelzahniger Tigerinnen, die ihre Jungen stillten. Aber immer nur dann, wenn ein sehr hoher Baum in ihrer Reichweite war, nicht aber in meiner. Wir verbrachten einige Nächte kaum zweihundert Fuß voneinander entfernt in den Baumkronen, und ich war jedesmal sicher, daß ich sie diesmal endgültig erwischte, wenn die Löwen das Warten leid waren. Doch sie war immer vor mir unten und auf und davon.

Auch auf Berge zu kraxeln schien ihr keine besondere Mühe zu machen. Beim Aufstieg holte ich ziemlich auf, und wären nicht die Steine gewesen, die sich bei ihrer verzweifelten Flucht unter ihren Füßen lösten und mich am Kopf trafen, wenn ich ihr zu nahe kam, hätte ich sie zu fassen gekriegt. Beim Abstieg ließ sie mich jedoch wieder weit hinter sich zurück. Wahrscheinlich lag das an meinen Kopfschmerzen.

Da sie ständig voraus war, konnte sie natürlich im Flug Klippdachse, Hasen und Eichhörnchen fangen; sie frühstückte und lunchte daher regelmäßig und ausgiebig. Wenn ich atemlos ankam, war das Wild aufgescheucht, und ich mußte mich mit den unverdaulichen Resten zufriedengeben, die sie zurückgelassen hatte. Was schließlich dazu führte, daß ich entweder unter grimmigem Hunger oder unter Magenschmerzen litt.

Ich fragte mich zuweilen, ob sie die ganze Aufregung überhaupt wert war. Mehr als einmal sagte ich mir, daß sie es nicht war. Was wollte ich mit einer Gefährtin überhaupt anfangen? Ich überprüfte meine Gefühle und kam zum Schluß, daß ich im Grunde absolut indifferent war. Der eigentliche Sinn dieser Übung bestand wohl einfach darin, mir selbst zu beweisen, daß ich der geborene Junggeselle war. Aber dann sprang die Person plötzlich keine zwanzig Yards von mir entfernt mit einem verzweifelten Aufschrei aus einem Gebüsch, und die Chance, sie zu packen und gründlich zu schütteln, war zu günstig, als daß ich sie mir hätte entgehen lassen. Also hastete ich keulenschwenkend wieder hinter ihr her. Und sie hängte mich durch irgendeinen hinterhältigen Trick unweigerlich wieder ab. Ich drosselte nach und nach das Tempo. Selbst wenn sich die Person deutlich gegen den Himmel abzeichnete oder sich in greifbarer Nähe im Gewirr der Schlingpflanzen zu verfangen schien, raffte ich mich nicht mehr zu einem Sprint auf. Ich hatte das Ganze satt. Wenn Oswald es schaffte, eines von diesen Frauenzimmern einzufangen, würde ich neidlos seine Überlegenheit anerkennen. Auf Freiersfüßen gehen, das war nichts für mich. Ich würde mich mit den anderen an der vereinbarten Stelle treffen und mit ihnen nach Hause zurückkehren.

Ich hatte mich eben endgültig zu diesem Entschluß durchgerungen, als ich müde, die Keule hinter mir herschleppend, auf eine Waldlichtung hinaustrat – und was erblickte ich dort? Auf einem am Boden liegenden Baumstamm sitzend, seelenruhig damit beschäftigt, ihr langes, dunkles Haar mit einer gezahnten Fischgräte zu kämmen, lächelte mir Griselda entgegen.

»Bist ganz schön erhitzt ... und obendrein schlecht gelaunt.«

»Endlich hab dich«, sagte ich und hob lustlos meine Keule.

Sie schlug leicht mit der Hand auf den Baumstamm. »Komm, setz dich und erzähl mir alles über dich. Ich sterbe vor Neugierde.«

In Anbetracht meiner schmerzenden Knie blieb mir nichts anderes übrig, als ihrer Aufforderung Folge zu leisten. Ich setzte mich also, und sie nahm mir die Keule ab und lehnte sie behutsam an den Baumstamm. Ich trocknete mir mit einem Büschel Hundshirse die Stirn.

»Uff!« sagte ich.

»Wie heißt du?« fragte sie mit honigsüßer Stimme.

»Ernest.«

»Ein hübscher Name. Paßt zu dir. Du bist so ernst und nachdenklich. Ich bin Griselda. Ein unmöglicher Name, wirklich, aber meine Eltern haben schrecklich romantische Ansichten. Ich übrigens auch. Bist du romantisch?«

»Nein«, sagte ich.

»Aber natürlich bist du's, hättest mich sonst nicht so lange gejagt. Ich armes Ding, hab dich einfach nicht abschütteln können, einfach nicht. Obwohl ich mir alle Mühe gegeben habe, das mußt du doch zugeben? Zwölf ganze Tage bin ich auf den Beinen gewesen.«

»Elf«, sagte ich. »Fast zwölf.«

»Wirklich?« meinte Griselda unbekümmert. »Wie doch die Zeit vergeht, wenn's spannend ist, findest du nicht auch? Hat dir die Jagd Spaß gemacht?« Sie schaute mich fragend aus großen, braunen Augen an, die sanft schimmerten wie Teiche, unter deren Oberfläche Krokodile lauern.

»Hm … na ja, ziemlich«, sagte ich.

»Dann ist ja alles in Ordnung. Wußt ich doch, daß wir uns gegenseitig mögen, Ernest.«

»Ach so … tatsächlich?«

Sie legte Hände und Füße aneinander. »Vom allerersten Tag an, als ich dich in der Luft gewittert habe.

Ich sagte mir, was für eine interessante Person, so ungewöhnlich, so … so ganz anders … ja, ganz, ganz anders.«

In mir regte sich – eher gegen meinen Willen – Neugierde. »Wann war das denn, Griselda?«

»Wann? An dem Tag, als ihr angekommen seid, du und deine Brüder. Ihr seid auf den Hügel geklettert und habt euch fast die Augen aus dem Kopf geguckt. War nicht gerade gentlemanlike. Vater war schrecklich wütend. Hat gesagt, die junge Generation habe keine Manieren. Hat uns befohlen, mit keinem von euch anzubändeln. Wollte zuerst ein Wörtchen mit euch reden.«

»Dann habt ihr also alles gewußt«, sagte ich finster. »Habt uns gewittert und uns gesehen.«

»Weil ihr eben ganz anders riecht«, fiel mir Griselda ins Wort. »So … so angenehm.« Sie senkte den Blick und hauchte: »So fürnehm.«

»Und ihr … äh … ihr habt geahnt, wozu wir gekommen sind?«

»Mehr oder weniger«, sagte sie. »Es war ein bißchen gar offensichtlich, findest du nicht auch? Meine Schwestern und ich, wir waren ganz aufgeregt.«

»Oh, ihr seid … seid ihr?«

»Und ob! Weißt du, in dem langweiligen Nest, wo wir wohnen, trifft man selten interessante Leute. Vater gönnt uns wenig Spaß. Und wenn, dann … na ja«, fügte sie hinzu und zog eine Grimasse.

»Richtig«, sagte ich. »Er hat uns nicht eben ermuntert.«

»Was anderes hast du erwartet? Es war übrigens gar nicht so einfach. Zum Glück hat er unlängst einen bösen Unfall mit einem Nashorn gehabt. Eine Frontalkollision, weißt du? Eindeutige Fahrlässigkeit; haben beide schlicht nicht aufgepaßt. Vaters Geruchssinn hat darunter gelitten, und er ist seither auch etwas kurzsichtig.«

»Und das Nashorn?«

»Wir haben es gegessen. Vater hat uns also befohlen, zu Hause zu bleiben und Fisch und Aal zu essen, bis er euch erlegt hat. Doch wir versicherten ihm, daß ihr schon längst auf und davon wäret. Er bildet sich einiges ein auf sein Aussehen, mußt du wissen. Obwohl er der gutmütigste Kerl der Welt ist, wenn man ihn näher kennt. Wir sind also wie üblich auf die Jagd gegangen. Und dann hast du mich entdeckt und hast mich erbarmungslos durch halb Afrika gejagt, ja, und jetzt bin ich hier.« Sie schlug unterwürfig die Augen nieder.

»Griselda«, sagte ich, »damit wir uns nicht mißverstehen: Wenn ich richtig verstanden habe, so habt ihr euren Hordenvater hinters Licht geführt und seid mit auf die Jagd gegangen, als ob nichts wäre, obwohl du genau wußtest, daß ich auf dich warte?«

»Well, so ganz, ganz genau wußte ich es nicht, aber ich dachte …«

»Und wenn ich wie ein Löwe oder ein Hippo gebrüllt habe, hast du die ganze Zeit gewußt, daß ich es war und kein Löwe und kein Hippo?«

»Ich glaube, Ernest, ich würde deine Stimme überall erkennen; sie ist so … so unverwechselbar … so …«

»Und dann«, fuhr ich unbeirrt fort, »hast du dich nicht im geringsten gefürchtet …«

»Ich war starr vor Angst!«

»Nicht im geringsten gefürchtet«, brüllte ich, »als ich dich jagte, bist absichtlich die ganze Zeit durch Sümpfe und Flüsse und undurchdringlichen Urwald gerannt, bergauf und bergab wie eine Kreuzung zwischen Ente und Straußvogel und Ziege ...«

»O Darling, was für hübsche Komplimente ...«

»Und hast mich die ganze Zeit bloß an der Nase herumgeführt, hast nie die geringste Absicht gehabt, ernsthaft vor mir zu flüchten?«

»Natürlich nicht.«

Ich war sprachlos vor Zorn.

»Liebling«, protestierte sie. »Bescheidenheit ist eine weibliche Zier.«

»Du und bescheiden!«

»Selbstverständlich«, sagte sie würdevoll. »Ganz abgesehen davon, ich dachte, es macht dir Spaß. Ich dachte, dich mit einem anständigen Dauerlauf glücklich zu machen.«

»Mich glücklich machen«, stöhnte ich. »Ein anständiger Dauerlauf! Ich bin ein dutzendmal fast umgekommen.«

»Jetzt übertreibst du, Ernest, du bist doch so unglaublich stark. Und so feurig, den ganzen Weg hinter mir herzulaufen. Ich konnte es kaum erwarten, gefangen zu werden, wirklich.«

»Ich glaub dir kein Wort«, tobte ich. »Du hast mich schlicht am Narrenseil durch den Busch gezogen. Du hast einen Affen aus mir gemacht. Einen ganz gewöhnlichen Stummel-Langschwanz-Affen! Du bist ein gemeines Biest. Ich weiß überhaupt nicht, was ich je in dir gerochen habe. Ich will nichts mehr mit dir zu tun haben, hörst du? Nie mehr. Ich hasse dich.«

Griseldas große braune Augen füllten sich mit Tränen. »Ich ... ich ... wollte ... doch nur ... nett ... zu dir sein!«

Ich stand auf. »Ich gehe jetzt«, knurrte ich. »Schau

zu, wie du nach Hause kommst. Ich will dich nicht fangen!«

Sie streckte tränenüberströmt ihre Hand aus. »Oh, aber … du hast mich doch gefangen? Du darfst mich nicht einfach so sitzenlassen. Wir sind ein Paar.«

Ich war verblüfft. »Ich hab dich nicht gefangen, Griselda. Wir sind kein Paar! Ich gehe, hab ich gesagt!«

»Das darfst du nicht. Das wäre unehrenhaft. Es ist … es wäre ein gebrochenes Gelöbnis. Mich den ganzen Weg jagen und mich dann einfach wegwerfen wie einen abgenutzten Flintstein. Ich kann unter den gegebenen Umständen nicht mehr nach Hause zurück. Eher sterbe ich. Wenn … wenn du mich verläßt, bringe ich mich um. Du hast mich gefangen und mußt mich behalten.«

»Kokolores!« sagte ich, doch ich fühlte mich irgendwie unbehaglich und verwirrt. »Ich gehe. Endgültig. Good bye.«

Ich wartete auf eine Antwort – wartete, daß sie zugab, ungefangen zu sein, und daß sie nach Hause ging. Doch sie schnupfte bloß vor sich hin. Also stapfte ich wütend in den Wald.

Und vergaß, meine Keule mitzunehmen.

12

Es war inzwischen Nacht geworden, doch ich war so in meine grimmigen Gedanken vertieft, daß ich es nicht bemerkt hatte. Griselda! Was für ein hinterhältiges kleines Luder, falsch, schamlos und … ja … und grausam obendrein. Boshaft und widerspenstig. Die Unverschämtheit ihres Ansinnens hatte mir den Atem verschlagen. Gefangen! Und was noch? Und sich dann in Weibertränen auflösen, um durch Mitleid zu erreichen, was sie mir durch die Schliche einer brünstigen Löwin nicht hatte abschmeicheln können. Empörend! Konnte ich überhaupt jemals in Erwägung ziehen, eine solche Frau zur Mutter meiner Kinder zu machen?

Schnellfüßig, das war sie. Sie hatte mich abgeschüttelt, mich, einen Mann – wobei sie natürlich die ganze Zeit die Situation schamlos ausgenützt hatte. Das konnte ich ihr kaum verübeln, ehrlich gesagt: Davonlaufen war davonlaufen. Es passierte uns allen hin und wieder. Es war eine Kunst an sich, und Griselda hatte sich eben als geschickter erwiesen, was die besonderen Finessen anging. Hm, sie würde diese Kunst, gegebenenfalls, ihren Kindern beibringen, ganz bestimmt sogar, die folglich überlebenstauglicher wären.

Und dann: Ihre Behauptung, nicht mehr nach Hause zurückkehren zu können, war nicht ganz von der Hand zu weisen. Ihr alter Herr war offensichtlich so eifersüchtig, wie nur Hordenväter es sein können. Er war bestimmt alles andere als erfreut über ihre Eskapade quer durch Kenia, Tanganjika und wahrscheinlich auch durch Njassaland, mit einem jungen, feurigen Höhlenbewohner auf den Fersen. Natürlich würde sie nicht sterben … selbst wenn sie nicht zurückkehrte … Wenn es ums Leben ging, konnte sie mit einer Giraffenherde Schritt halten. Früher oder später würde sie einem typischen Homo spp. in die Arme laufen und ordentlich gefangengenommen werden.

Wollte ich das?

Ich war ihr schließlich eine ganz anständige Spanne nachgelaufen, sagte ich mir. Im Grunde war es schade, so kurz vor der Strecke aufzugeben. Sie hatte mich niederträchtig behandelt, gewiß, doch davon einmal abgesehen, schien sie eine sehr hohe Meinung von mir zu haben. An der Aufrichtigkeit ihrer offenkundigen Bewunderung war kaum zu zweifeln. Nein. Für sie war ich etwas ganz Neues. Überdies ließ sich ihr unsägliches Verhalten durch eine schlechte Kinderstube entschuldigen. Wie hätte sie in jenen Erdlöchern am Ufer des Sees die Sitten und Bräuche eines anständigen Hordenlebens kennenlernen können? In unserer Höhle würde sie eine gepflegtere Umgebung kennenlernen. Und dann: Wenn sie feststellte, daß ich mit Feuer umgehen konnte, würde sie den notwendigen Respekt vor mir haben; sie würde die baumhohe Überlegenheit unserer Familie anerkennen müssen. Das würde sie ein für allemal gefügig machen. Kirre. Ordentlich verprügeln mußte man sie … Ihr von allem Anfang an zeigen, wer Herr im Haus ist …

Und wenn ich gleich zurückkehrte und ihr die Dresche ihres jungen Lebens gäbe?

Nein. Sie war schlicht unmöglich. Das wäre ja ein Eingeständnis … Eingestehen, daß ich im Unrecht war, daß ich sie gefangen hatte, daß wir ein Paar waren … Daß sie gesiegt hatte! Nein, tausendmal nein! Zugegeben, sie war wirklich eine adrette Person. Die Horde würde staunen. Vater würde außer sich sein vor Freude. Genau die Art Frau, die ihm gefiel, forsch und unternehmungslustig … Da er mir Elsie vorenthielt, würde ich ihm Griselda vorenthalten. Ha, ich würde es ihm zeigen, ihm und seiner Exogamie.

Ich blieb plötzlich stehen. Es war mittlerweile stockfinstere Nacht geworden; der Mond war noch nicht aufgegangen. In meine Gedanken versunken, hatte ich nicht auf die anschwellende Kakophonie des nächtlichen Dschungelverkehrs geachtet, der in vollem Gange war. Die Frösche quakten aus voller Kehle, übertrumpften sich gegenseitig von Sumpf zu Sumpf; mordlustige Mücken sirrten durch die Luft; auf die Schreie der Klippdachse antworteten die Rufe der Eulen; Krokodile und Flußpferde grunzten in den Wasserläufen; Leoparden hüstelten im Unterholz; Hyänen lachten hysterisch, während sie baumauf, baumab hinter kreischenden Affen herhüpften. In den Lichtungen waren die Löwen auf der Pirsch, und die Erde erzitterte vom dumpfen Aufprall von zwanzigtausend davonstiebenden Hufen. Schrill trompetende Elefanten entwurzelten Bäume, die mitsamt der quietschenden Fauna, die im Laubwerk hauste, dröhnend zu Boden krachten. Jeder war hinter jedem her, grimmig entschlossen, sich als die vorherrschende Spezies zu beweisen. Da wurde mir blitzartig zweierlei klar: Erstens, daß mich jemand verfolgte. Und zweitens, daß ich meine Keule vergessen hatte!

Ich machte kehrt und rannte um mein Leben. Nicht einmal Griselda hätte mich eingeholt. Ich flitzte durch den Dschungel, sprang über Büsche, setzte über Bäche hinweg, schwang mich an herabhängenden Lianen tollkühn durch die Luft. Auf einem Baum Zuflucht suchen oder nicht? Das war die Frage. Wenn es eine große Katze war, war ich gerettet; wenn es eine kleine Katze war, würde sie mir folgen, und dann gab es nur noch eins: meine Zähne und Hände gegen ihre Zähne und Krallen auf einem schaukelnden Ast, zweihundert Fuß über der Erde. Wenn ich unten blieb, riskierte ich, ein für allemal eingeholt zu werden. Wenn ich ins Wasser tauchte, erwarteten mich die Krokodile.

Ich jagte atemlos weiter, mein Herz drohte zu bersten. Ich spürte meinen Verfolger dicht hinter mir. Vor mir tat sich eine Lichtung auf: Es war aus – ich wußte es –, der geeignetste Moment, mich von hinten anzufallen. Zu spät, um wieder im Busch unterzutauchen. Eine unbezwingbare Kraft trieb mich in den Mondschein hinaus, wo ich eine ideale Zielscheibe abgab. Ich hörte, wie das Biest stehenblieb ... sich duckte ... zum Sprung ansetzte. Als ich zum letzten verzweifelten, hoffnungslosen Spurt ansetzte, wurde mir rot vor Augen. Dann wurde ich von einer Masse mit glühendem Atem zu Boden geworfen, ich glaubte bereits, ein Dutzend Krallen in meinem Fleisch zu spüren ... Dann folgte ein furchtbarer Schlag und das dumpfe Aufschlagen eines schweren Körpers hinter mir. Mir war, als falle eine Last von mir, unter der ich zusammenzubrechen drohte; ich kam erst nach ein paar Sekunden zum Stehen und schaute über die Schulter zurück. Und was sah ich dort im Gras liegen? Einen zappelnden Leoparden und einen Affenmenschen, der sich, meine blutverschmierte Keule schwenkend, über ihn hermachte. Päng! Krach! Das Hirn des Leoparden wurde fachmännisch herausgeklopft, noch bevor die Katze sich vom betäubenden Schlag erholen konnte, der sie mitten im Sprung niedergestreckt hatte.

»Griselda!« stammelte ich.

»Ernest«, antwortete sie. »Darling! Wußt ich doch, daß du zu mir zurückkehrst. Bist ganz schön erhitzt. Bist tüchtig gerannt, was? Es ist bereits angerichtet, komm, greif zu!«

Ich hätte ihr natürlich auf der Stelle und ohne zu zögern die verdiente Tracht Prügel verpassen sollen, aber ich war außer Atem und schrecklich hungrig. Und außerdem, sie hielt die Keule in der Hand. Ich beschloß also, Zärtlichkeiten für später aufzusparen, um den Hyänen und Schakalen zuvorzukommen, die vom plötzlichen Ableben des Leoparden schnell Wind bekommen würden.

Nun denn: Die üppige Mahlzeit stimmte mich nach all den Anstrengungen schläfrig; ich ließ mich erschöpft am Fuße eines Tamarindenbaums auf die Erde fallen, derweil Griselda mit der Keule Wache hielt.

Ich erwachte ein paar Stunden später frisch und ausgeruht. Der Mond ging eben hinter den Bergen unter, doch alles war noch in silbernes Licht getaucht. Griselda saß auf einem Baumstrunk und betrachtete nachdenklich den letzten Geier, der auf der silbernen Karkasse herumhackte. Was mich jedoch blitzschnell auf die Füße brachte, war Griseldas langes, schwarzes Haar, das sie raffiniert um den Kieferknochen des Leoparden aufgesteckt hatte, und der zwischen ihren Brüsten baumelnde, kokett um den Hals geschlungene Schwanz des Leoparden.

»Griselda«, rief ich mit Donnerstimme, »ich hab dich.«

13

Die Liebe! Oh, die Liebe!

Ich werde nie müde werden zu verkünden, daß die Liebe eine der größten Errungenschaften des Mittleren Pleistozäns war, dieser fruchtbaren, an Erfindungen und kultureller Entwicklung so reichen Epoche. Was für ein überwältigendes Gefühl, als damals die Liebe sich zum ersten Mal in mir regte. Ich fühlte mich plötzlich neugeboren wie eine Schlange, die ihre Haut abgestreift hat: schwebend, hingebend, von Wonne durchströmt. Ich war eine Libelle, die nach der langen Nacht der Chrysalis ihre Flügel entfaltet. Heute mögen das banale, abgedroschene Metaphern sein; die moderne Generation hat diesen ersten, unbeschwerten Taumel nie gekannt. Junge Menschen wissen heutzutage genau, was sie erwartet. Man erzählt ihnen zuviel darüber, was letztlich dazu führt, daß sie alles süffisant vorwegnehmen. Für mich jedoch war es gerade deswegen eine Metamorphose, weil ich keine Ahnung hatte, was mir geschah. Ja, es ist ein ganz besonderes Privileg, der Allererste zu sein, der sich einer neuen menschlichen Erfahrung unterzieht, welcher Art sie auch sein mag. Und gar die Liebe?

Zu einer alltäglichen, abgenützten Angelegenheit ist die Liebe geworden, die im Evolutionsprozeß ihren Zweck erfüllt, obwohl junge Leute nach wie vor leidlichen Spaß daran haben sollen, wenn sie ihr im Busch, am Ufer eines Sees oder auf einem Berggipfel begegnen. Doch damals, als sie jungfräulich war!

Ich hatte weder die Fähigkeit noch den Wunsch, den

Vorgang zu analysieren. Rückblickend stelle ich fest, daß sie die zufällige Frucht jenes ersten Verbots war, das Vater uns zu rein soziologischen Zwecken auferlegt hatte. Unsere trägen Instinkte waren beschnitten worden, und daraus war ein überwältigender, faszinierender Sinnesschmaus gesproßt. Wir fühlten uns nicht etwa schuldig, Griselda und ich, als wir uns gemeinsam aller Welt zeigten. Im Gegenteil, wir fühlten uns nicht nur unübertrefflich in diesem neuen, in uns eben entdeckten Bereich, sondern wir betrachteten zudem die ganze Natur als Ausstattung unseres Brautgemachs. Wir fühlten uns unverwundbar; als ob die Verschmelzung zweier schwacher, dünnhäutiger Halbkreaturen den unbesiegbaren Beherrscher der Welt geschaffen hätte.

Wir kicherten respektlos vor dem Brutplatz der Löwen; wir benützten den schlafenden Geparden als Wurfscheibe und zwirnten seinen Schwanz; wir verfolgten einander durch seichte Gewässer und benützten die Rücken verdutzter Krokodile und staunender Flußpferde als Trittsteine; wir hüpften mit Flußbarschen und Tigerfischen die Wasserfälle hinauf und sausten mit den Aalen die Stromschnellen hinunter. Wir spielten mit den Reihern zwischen den Beinen verärgerter Elefanten, die zu spät nach uns traten und vergeblich trompeteten. Wir warfen Kränze aus Bougainvillea und Prunkwinden über das Horn empörter Rhinozerosse; wir erschreckten weidende Hirsche mit Luftschlangen aus Jasmin und Hopfenblüten, die wie Wimpel an ihren Geweihen flatterten, wenn sie in Panik davonstoben. Wir nahmen die Affen bei den Händen, und ehe sie sich versahen, wirbelten wir sie in einem ausgelassenen Ringel-Ringel-Frangipani herum. Ich stibitzte Straußen, Flamingos, Spiegelpfauen und hundert anderen Vögeln schmucke Federn für Griseldas Haar; ich stülpte mir ein Aepyornis-Ei als Sonnenhelm über den Kopf. Unser übermütiges Lachen widerhallte im Busch und zwischen den lianengeschmückten Bäumen, die plätschernden Wellen des großen Sees trugen es zu den Bergen, und die Berge warfen das Echo in die Ebenen zurück.

Es war das großartigste Gaudi, auch wenn wir es ein- oder zweimal fast zu weit trieben.

Nach Sonnenuntergang schlenderten wir engumschlungen durch die Gegend, um uns am nächtlichen Lichtermeer zu ergötzen; dem funkelnden Sternenhimmel, in dem glitzernde Meteoritenschwärme aufleuchteten, den Flammen, die aus der Gipfelkulisse am Horizont züngelten, dem Glühen der Katzenaugen im Unterholz, dem unablässigen Blinken der Glühwürmchen zu unseren Füßen. Und dann erzählte ich Griselda von der Höhle, in die ich sie mitnehmen wollte; vom großen Feuer, das beständig vor dem Eingang brannte, und vom Gezeter, wenn es jemand ausgehen ließ; von unseren Heldentaten mit Speeren und Fallen und den anschließenden Schwelgereien. Sie wiederum wurde nicht müde, mich ins Kreuzverhör zu nehmen hinsichtlich ihrer künftigen Schwiegerfamilie, schilderte die unsägliche Tyrannei, der ich sie entrissen hatte, den prüden, despotischen Stammvater, der von seinem eingeschüchterten Frauenvolk totale Unterwürfigkeit verlangte und sich sogar mit der Absicht trug, seine heranwachsenden Söhne aus der Horde zu verstoßen.

Griseldas Augen glänzten wie die eines Falken, als sie jubelnd ausrief: »Darling, ich werde mich herrlich amüsieren!«

Die Liebe. Oh, die Liebe!

14

Der Honigmond war im Nu vorbei, es war an der Zeit, sich auf den Weg zu machen, um an der vereinbarten Stelle meine Brüder und ihre Gefährtinnen zu treffen – falls sie eine gefangen hatten. Oswald war bestimmt erfolgreich gewesen, da war ich mir sicher, doch was Wilbur und Alexander betraf, hatte ich so meine Bedenken. Griselda hingegen schien nicht im geringsten daran zu zweifeln, daß ihre Schwestern »sich ergeben hatten« – wie sie es ausdrückte. Sie schlug vor, wir sollen uns verstecken, um heimlich zu beobachten, wer zuerst ankam und wer wen bekommen hatte.

Lediglich Oswald war schon da. Er saß am Seeufer und unterhielt sich tatsächlich mit einer hübschen, molligen Person, die mit offenem Mund und leuchtenden Augen an seinen Lippen hing.

»Die dusselige Clementine!« kicherte Griselda.

»Da stand ich also«, sagte Oswald gerade, »mutterseelenallein, kein Baum weit und breit, mein Speer zerbrochen, und sogar der verwundete Löwe rannte um sein Leben, als der Büffel zum Angriff ansetzte. Ich konnte nur noch eins tun, und ich tat es. Ich raste auf ihn zu, packte ihn bei den Hörnern und grätschte mit einem Satz über ihn hinweg, so daß er nicht einmal Zeit fand, den Kopf aufzuwerfen.«

»O wie entsetzlich, Oswald!« hauchte das Mädchen.

»Ein andermal«, erzählte Oswald weiter ... Da stürzten wir aus unserem Versteck und rannten mit Freudengeheul auf sie zu.

Nachdem wir uns gegenseitig gratuliert hatten und

die Mädchen auf Nahrungssuche gegangen waren, fragte ich Oswald, wie es ihm bei seiner Brautschau ergangen war. Er lachte. »So einfach, wie auf ein Krokodil treten, alter Junge«, sagte er. »Na ja, sie hat mich schon ein bißchen herumgehetzt. Was willst du, ein Mädchen muß sich zieren.«

»Wie ... äh ... wie lange bist du hinter ihr hergerannt, Oswald?« fragte ich.

»Keine Ahnung«, sagte er unbekümmert. »Ungefähr zwei Wochen vielleicht. Sie hat ein ganz schönes Tempo drauf, die Clemmie, und zudem hatte ich meine Keule mit. Junge, Junge, war das ein Spaß ...«

»Anständige Berge erklettert?« fragte ich ganz nebenbei.

»Einen oder zwei, einen oder zwei«, sagte Oswald und faßte sich kurz an den Hinterkopf. »Ein verspieltes Kätzchen, die Clemmie. Und wie war's denn bei dir, Ernest?«

»Nicht viel anders, nicht viel anders«, antwortete ich möglichst ungezwungen. »Sieht ganz so aus, als ob Alexander und Wilbur immer noch auf Brautjagd sind, was?«

Oswald nickte besorgt. »Ich hab mir gerade überlegt, ob es sich überhaupt lohnt, auf die zwei zu warten. Würde mich nicht wundern, wenn sie ein oder zwei Jahre dafür benötigen, ehrlich.«

Genau in dem Moment wurden wir durch ein dumpfes Krachen im Unterholz aufgeschreckt. Wir dachten zuerst, es handle sich um ein Trampeltier, um ein Warzenschwein etwa, ein Gürteltier oder einen Ameisenbären, es war jedoch Wilbur in Begleitung eines Mädchens. Sie stolperten gebückt wie Schimpansen und blind vor Schweiß aus dem Dickicht und trugen beide einen riesigen roten Felsbrocken. »Honoria, Darling!« riefen Griselda und Clementine einstimmig, als das Mädchen seine Last auf den Boden plumpsen ließ. Und sogleich plapperten die drei wie Papageien drauflos.

»Wilbur«, sagte Oswald stirnrunzelnd, »was in aller Welt hast du damit vor?«

Wilbur legte seinen Steinbrocken behutsam neben den seiner Gefährtin und richtete sich ächzend auf.

»Oh, hallo Jungs«, sagte er. »Ziemlich heiß ...«

»Was soll das?« fragte ich.

Wilbur grinste. »Äußerst interessant. Habe bisher noch nie eine ähnliche Formation gesehen. Will etwas experimentieren damit. Denke, Vater wird begeistert sein über die erstaunlichen Resultate.«

»Gütiger Himmel. Willst doch die Dinger nicht etwa bis nach Hause tragen? Wie weit hast du das Zeug schon geschleppt?«

»Ein ganzes Stück weit. Man findet dieses Gestein nirgends sonst, soweit ich das sehe. Vermutlich durch Witterungseinflüsse aus Vulkanasche entstanden. Honoria hat mir geholfen. Tüchtiges Mädchen, hab sie euch ja noch gar nicht vorgestellt. Honoria! Meine Brüder!«

»Du willst mir doch nicht etwa glauben machen«, sagte Oswald mit einem Blick auf Honorias muskulöse Glieder, »daß du sie mit einem halben Berg auf dem Buckel gejagt hast?«

»Er hat mich überhaupt nicht gejagt«, sagte Honoria schnippisch. »Obwohl ich mir alle erdenkliche Mühe gegeben habe, um ihn auf mich aufmerksam zu machen. Er hat ständig an diesem läppischen Stein herumgefummelt und überhaupt keine Notiz von mir genommen. Da habe ich mich geradewegs vor ihn hingestellt und habe zu ihm gesagt: ›Beschäftigt, was?‹ Und ratet, was er geantwortet hat? ›Ziemlich, ja, ziemlich beschäftigt.‹ Ob ihr's glaubt oder nicht.«

»Cool«, sagte Griselda. »Was hast du dann getan, Kleines?«

»Ich habe gesagt: ›Was bist du denn für einer, Mr. Beschäftigt? Ein Geologe oder sowas Ähnliches?‹ Und was glaubst du, hat er gesagt?«

»Mach's nicht so spannend«, kicherte Griselda.

»Er hat gesagt: ›Leider bloß ein Amateur.‹ Ob ihr's glaubt oder nicht: ›Bloß ein Amateur.‹ Ich hätte ihn fast stehengelassen. Wirklich. Doch dann hat er gesagt: ›Faß doch bitte mit an, ich hab das Ding fast draußen.‹ Und ich hab mir gesagt, daß er mir wohl keinen Blick gönnt, bevor er nicht sein Spielzeug hat, also habe ich mich eines Besseren besonnen und ihm geholfen, den Stein auszugraben, der sich mit einem Ruck unter meinen Händen gelöst hat und auf Mr. Amateur-Geologes Zehe gekollert ist; hat natürlich ganz schön weh getan, und er hat mich nicht mehr jagen können, auch wenn er gewollt hätte; er hat auf einem Bein dagestanden wie ein Storch und gekrächzt wie ein Nashornvogel.«

Wilbur schaute verlegen drein: »Ich muß zugeben, Honoria ist ein richtiggehender Flint. Sie ist bei mir geblieben und hat Löwen und Leoparden verjagt, bis ich wieder gehen konnte, und dann hat sie mir riesig geholfen.«

»Riesig, wie schön!« rief Honoria aus.

»Und nun sind wir ein Paar«, schloß Wilbur schlicht.

»Und wir ebenfalls«, echote eine schüchterne Stimme hinter uns. Wir wirbelten alle herum, und vor uns stand Alexander mit seiner Keule in der Armbeuge, mit dem andern Arm umschlang er zärtlich ein wirklich entzükkendes Mädchen – das mit den elefantösen Rundungen. »Alex! Petronella!« riefen wir im Chor, und das Vorstellen und Beglückwünschen fing wieder von vorn an.

Sobald sich die Gelegenheit bot, nahmen Oswald, Wilbur und ich Alexander beiseite und fragten ihn, wie er denn die Gunst der schönen Petronella erworben habe. Es war ganz offensichtlich, daß sie ihn anhimmelte.

Er blickte uns erstaunt an. »Well, wie man's eben macht, nehme ich an. An jenem Tag, als wir uns getrennt haben, kauerte ich versteckt im Röhricht und beobachtete Enten – übrigens ebenfalls ganz erstaunliche Vögel –, als plötzlich alle flügelklatschend in einer Gischtwolke davonflogen – sie benötigen ungefähr drei Fuß, um richtig abzuheben. Und da ging Petronella ganz dicht an mir vorbei. Ich bin aufgesprungen und habe ihr mit der Keule kräftig eins auf den Kopf gegeben. War doch richtig so, oder?« fügte er ängstlich hinzu.

»Ausgezeichnet«, versicherte Oswald. Sein Gesicht sagte alles.

»Da bin ich aber froh«, sagte Alexander erleichtert. »Ich fürchtete schon, ich sei vielleicht etwas allzu unsanft mit ihr umgesprungen. Als sie zu sich kam, hatte sie eine Beule am Kopf, armes Ding. Doch als ich ihr die Entenbilder zeigte, die ich zum Zeitvertreib in den Sand gezeichnet hatte, während sie bewußtlos war, war sie wieder ganz fröhlich. Wir haben einen wunderbaren Honigmond gehabt«, fügte er selig lächelnd hinzu. »Wirklich ganz wunderbar. Ist Liebe nicht wunderbar?«

»Ist sie nicht wunderbar?« antworteten wir im Chor.

Ein paar Tage später machten wir uns auf den Heimweg, eine ziemlich gemächliche Reise, weil Wilbur sich nicht von seinen Felsbrocken trennen wollte. Er und

Honoria schwankten ungefähr hundert Schritt vorwärts, mußten dann jeweils die Last abstellen. Honoria schlug wiederholt ihren Schwestern vor, ihr zu helfen, doch die antworteten ungerührt: »Hast ihn dir selber ausgesucht.«

So hatten wir unterwegs jede Menge Zeit für Jagdausflüge, Sightseeing, Picknicks, Birdwatching und sogar für Kunstbetrachtungen. Schließlich erreichten wir vertrautes Territorium und mußten aufpassen, nicht in Schnappfallen zu laufen. Kurz darauf entdeckten wir eine lange Rauchspirale, die hoch in den Himmel stieg. Die Mädchen konnten sich kaum fassen vor Staunen. Sie wollten einfach nicht glauben, daß es sich um gewerblichen und nicht um vulkanischen Rauch handelte. Als wir jedoch näherkamen, blickten wir uns gegenseitig besorgt an. Etwas stimmte nicht. Ich spürte es. Oswald spürte es. Alexander, die Mädchen spürten es, und selbst der keuchende, unter seiner Last tief gebückte Wilbur bemerkte es.

Schließlich sagte Oswald für uns alle: »Was ist das für ein abscheulicher Gestank?«

15

Wir blieben schnüffelnd stehen. »Erinnert mich an etwas«, sagte ich, »an irgend etwas ...«

»Kein Kadaver und kein Vulkan«, sagte Oswald, »doch irgend etwas brennt. Ich fürchte, da ist ein Unfall passiert.«

»Ich finde, es riecht gar nicht so unangenehm«, sagte Alexander. »Hat eine merkwürdige Wirkung auf mich, läßt mir das Wasser im Mund zusammenlaufen.«

Wir stellten fest, daß der Geruch auf alle die gleiche Wirkung hatte.

»Kommt«, sagte Oswald, »wir sehen besser nach.« Und wir eilten in Richtung Höhle, Wilbur und Honoria keuchend hinter uns her, während der seltsam durchdringende, aber magenkitzelnde Geruch immer stärker wurde.

Wir stellten erleichtert fest, daß die Horde vollzählig um das Feuer versammelt war, das jedoch ungewohnt spuckte, zischte und knisterte. Hin und wieder stand eine der Tanten auf, stocherte mit einem Stock in der Glut herum, zog ihn dann mit einem daran aufgespießten Stück brennendem Etwas wieder heraus.

»Was zum Teufel ... Das ist doch ein Pferdeblatt«, stieß Oswald hervor.

»Und das eine Antilopenlende«, fügte ich hinzu.

Wir legten die letzten Meter im Laufschritt zurück und platzten mit unseren Frauen im Schlepptau in die trauliche Runde.

»Willkommen zu Hause, Kinder«, begrüßte uns Vater fröhlich und sprang auf.

»Gerade rechtzeitig zum Abendessen«, rief Mutter, und über ihr gütiges, rußverschmiertes Gesicht liefen Freudentränen. Dann brach allgemeines Durcheinander aus: Fragen, Umarmungen, Beschnüffelungen, Schulterklopfen und Lachen.

»Clementine? Oswald, bist ein richtiger Glückspilz!«

»Und wer ist diese Miss mit den fröhlichen Augen? Griselda? Genau, was Ernest braucht!«

»Petronella? Eine umwerfende Figur, süperb ... wer hätte das gedacht, daß ein so verführerisches Mädchen unseren Alexander überhaupt anschaut!«

»Und das ist Honoria? Well, well, entzückend ... Ja, was hast du uns da mitgebracht? Einen hübschen großen Stein? Wie rührend, Liebes, uns überhaupt etwas mitzubringen ...«

Und so weiter und so fort, bis ich mir endlich Gehör verschaffen konnte: »Mutter, warum um alles in der Welt benützt ihr gutes Fleisch als Brennholz?«

»Oh, Ernest, ich hab vor lauter Aufregung fast meine Keule vergessen; ich fürchte, sie ist schrecklich durchgebraten ...« Und sie wandte sich schleunigst dem Feuer zu und zog ein großes, rauchendes Stück Antilope aus der Glut. »O Lieber«, sagte sie, während sie es prüfend betrachtete, »diese Seite ist völlig verkohlt.«

»Mach dir nichts draus, Liebling«, sagte Vater. »Du weißt, ich mag's gern knusprig. Ich nehme die Kruste mit Vergnügen.«

»Wovon redet ihr eigentlich?« fragte ich beschwörend.

»Wovon wir reden? Vom Kochen natürlich.«

»Was ... was kocht?« forschte ich geduldig weiter.

»Das Abendessen«, sagte Vater. »Aber natürlich, wie konnte ich das nur vergessen; als ihr Jungs fortgegangen seid, hatte es eure Mutter ja noch gar nicht erfunden. Kochen, meine Söhne, ist ... well ... ist eine Methode, das Wild zuzubereiten, bevor man es ißt; es handelt sich um einen ganz neuartigen Prozeß, um Sehnen und Muskeln in eine zartere, kaubarere Konsistenz umzuwandeln und ... ehm ...« Er runzelte die Stirn, dann erhellte ein strahlendes Lächeln sein Gesicht. »Was sollen viele Erklärungen ... Braten probieren geht über Studieren. Greift zu.«

Meine Brüder und ihre Gefährtinnen beugten sich über das aromatisch duftende Stück Fleisch, das Mutter uns reichte. Die Mädchen, denen das Feuer noch nicht ganz geheuer war, winkten schüchtern ab; Oswald jedoch packte mutig die Keule, führte sie zum Mund, hieb die Zähne hinein und riß ein Stück ab. Sein Gesicht lief auf der Stelle hochrot an; er spuckte, würgte, keuchte, schluckte, hüpfte herum, schleuderte die Keule weg (die Mutter geschickt auffing) und krümmte sich dem Sterben nahe; er klopfte sich verzweifelt auf Mund und Hals, und seine Augen tränten.

»Sorry, Oswald«, sagte Vater. »Tut mir leid, du konntest ja nicht wissen. Ich hätte dich warnen müssen, ist verdammt heiß.«

»Lauf zum Fluß, mein Lieber«, sagte Mutter, »und trink einen tüchtigen Schluck Wasser.«

Oswald verschwand blitzschnell, und kurz darauf hörte man einen gewaltigen Platscher.

»Wir haben uns mittlerweile daran gewöhnt«, wandte sich Vater an mich, »doch am Anfang muß man etwas aufpassen. Es ist ratsam, erst mal zu blasen, dann zuerst am Rand zu knabbern. Man hat es im Nu heraus.«

Gewarnt, gingen wir daran, uns mit der modernen Küche vertraut zu machen. Anfänglich verbrannten wir uns den Gaumen, doch wir waren einhellig der Meinung, daß es sich lohnte, weiterzumachen. Das Fleisch schien buchstäblich im Mund zu schmelzen; ein ambrosischer Genuß, die Geschmacksmischung aus Holzkohle, Asche und angebranntem Fleisch, die himmlisch zarten, mageren Teile, das triefende Fett ... Vor allem der rote Bratensaft! Kauen war praktisch überflüssig; die in den Muskelsträngen eingebaute Kraft und Elastizität, die ein 2 Ztr. Gnu auf eine Geschwindigkeit von 50 mph. zu bringen vermag, löste sich auf der Zunge buchstäblich auf. Es war eine Offenbarung.

Wir baten Mutter, uns zu erzählen, wie sie zu dieser fundamentalen Entdeckung gekommen war. Doch sie lächelte bloß. William antwortete an ihrer Stelle halb schmollend, halb stolz: »Es war mein Piggy-Ferkelchen!«

Vater nickte. »So ist es, William hat zu dieser bedeutenden Erfindung beigetragen, deren Möglichkeiten wir noch gar nicht voll ausgeschöpft haben. Erinnert ihr euch an den Hund? Kurz nachdem ihr auf Brautschau gegangen seid, hat William das Experiment wiederholt, mit einem Frischling diesmal, den er Piggy taufte. Ich habe selten ein so dreckiges, stinkendes, einfältiges störrisches Tier gesehen. William zog es an einer Leine aus geflochtenen Lianen hinter sich her, aber selbst so kickte es einem bei jeder Gelegenheit mit dem Kopf in die Kniekehlen. Oder dann rannte es wild um einen herum, bis man ganz umschnürt war, ja, und dann biß es zu. Well, eines Tages also waren wir alle auf der Jagd, außer eurer Mutter und den Kleinsten; offenbar hat sich Piggys Leine in einem Stapel Brennholz verfangen, und eure Mutter hat das nicht bemerkt, als sie ein Scheit ins Feuer warf.«

»Behauptet sie«, brummte William.

»Und so verbrannte Piggy zu Tode«, sagte Vater. »Aber das Geniale an der Sache ist, daß eure Mutter begriffen hat, daß sein Fleisch in einem bestimmten Zwischenstadium des Verbrennungsprozesses besonders bekömmlich war, also holte sie es im genau richtigen Moment aus dem Feuer. Ein bemerkenswertes Beispiel intuitiven Denkens: den Kern des Problems auf Anhieb erkennen, eine blitzschnelle Synthese von Überlegungen also, wozu das Hirn eines einfachen Affen unmöglich in der Lage ist ...«

»Aber Mutter«, fragte ich, »wie hast du das brennende Ferkel mit etwas Schmackhaftem in Zusammenhang gebracht?«

»Mein Junge, wahrscheinlich kommt es dir albern vor, na ja, doch du weißt, wie sehr Vater in letzter Zeit unter Sodbrennen litt, vor allem, wenn er Elefant gegessen hatte, und ich machte mir ernsthafte Sorgen um ihn; ja, und dann, als Williams armes Piggy zu brutzeln begann, erinnerte ich mich unwillkürlich an den seltsamen Geruch, als Onkel Wanja damals auf ein glühendes Stück Holz trat und Tantchen Pam sich in die Glut setzte, und daß – ihrer Aussage nach – die versengten Stellen ungewöhnlich zart waren.«

Das war es also, warum mir der Bratduft so vertraut vorgekommen war!

»Genie«, sagte Vater bewundernd. »Reines Genie. Und ein großer Schritt für die Menschheit. Die Möglichkeiten sind stupend.«

»Läßt sich alles kochen?« fragte Oswald. »Oder nur Schwein und Antilope?«

»Alles«, sagte Vater überschwenglich. »Um so größer das Tier, um so größer das Feuer, darin besteht das ganze Geheimnis. Falls du ein Mammut nach Hause bringst, verpflichte ich mich, ein Feuer zuwege zu bringen, das groß genug ist, um es darin garzukochen.«

»Verlaß dich drauf«, sagte Oswald.

»Ich zähle auf dich, mein Junge«, sagte Vater, »und wir feiern ein großes Hordenfest. Es ist ohnehin fällig, ein gewaltiger Schmaus mit anschließenden Tischreden.« Und er fügte nachdenklich hinzu: »Und ob ich eine Rede halten werde.«

Oswald machte sich unverzüglich an die Planung einer Jagdexpedition großen Stils. Ich stellte fest, daß Vater jetzt ganz froh war, Oswald alles überlassen zu können. Vater und Wilbur verschwanden seit kurzem immer öfter mit geheimnisvollem Getue im Busch; sie weigerten sich, irgendwelche diesbezügliche Fragen zu beantworten, und kehrten oft zu spät zum Essen nach Hause.

Unsere Frauen hatten sich schnell in die Horde eingelebt, so, wie bei Frauen und Affen üblich: ständig kreischend und zankend und schmeichelnd und Frauenklatsch tratschend in einem ganz typischen Dialekt, in dem jedes zweite Wort kursiv ist. Ich mußte allerdings zu meinem Leidwesen feststellen, daß meine geliebte Schwester Elsie sich verändert hatte. Sogar während meiner Flitterwochen hatte ich mich auf ein Wiedersehen mit ihr gefreut; ich erzählte Griselda alles über sie, und Griselda beteuert spontan: »Elsie und ich, wir werden ganz bestimmt dicke Freundinnen werden.« Ich überlegte mir sogar, ob zum gegebenen Zeitpunkt Elsie nicht zu Griselda und mir ziehen konnte, egal, was Vater dazu sagte. Ich würde eine eigene, traditionsbewußte Horde gründen. Einen Harem wie die Schimpansen. Im übrigen schien Elsie von Anfang an Griselda sehr zugetan. Die zwei waren unzertrennlich;

Griselda zeigte Elsie, wie man Tierfellstreifen um den Hals hängt und wie man das Haar mit Fischgräten und Orchideen aufsteckt. Elsie wiederum lehrte Griselda kochen. Doch für mich hatte Elsie keine Zeit mehr. Die kameradschaftlichen Gefühle von früher schienen plötzlich abgeklungen zu sein. Wenn ich mit ihr plaudern wollte, sagte sie kurz angebunden: »Stör mich bitte nicht, Ernest, du siehst doch, daß ich beschäftigt bin.« Und wenn ich ihr die grillierten Nierchen gab, die ich in meiner Portion gebratenem Lamm fand, reichte sie sie gleich an die Kleinen oder an Griselda weiter: »Das ist für dich, meine Gute; du mußt Ernest unbedingt bessere Tischmanieren beibringen.« Was um so härter zu ertragen war, als Elsie inzwischen zu einer entzükkenden jungen Frau herangewachsen war; hinsichtlich Rundungen und Teint war sie die vollkommene Ergänzung zu Griselda und ebenso leichtfüßig und scharfsichtig wie sie.

Zudem paßte mir auch Vaters Getändel mit den beiden Mädchen nicht. Wenn er von seinen geheimnisvollen Beutezügen mit Wilbur zurückkehrte, gab er sich nur noch mit ihnen ab, und man hörte die drei vergnügt lachen und scherzen. Mehr als einmal ertappte ich Vater, wie er mit Griselda auf der einen Seite, Elsie auf der anderen durch die Gegend spazierte und sowohl die Taille der einen als auch die der anderen umfangen hielt. Wenn er mich daherkommen sah, war er nicht im geringsten verlegen. »Grüß dich, Ernest«, rief er mir zu, »dein alter Vater weiß offenbar immer noch, wie mit einem Armvoll hübscher Mädchen umgehen, was?«

»Ich dachte, deine Interessen seien rein wissenschaftlicher Natur«, antwortete ich frostig und ließ sie stehen. Aus irgendeinem Grund fanden die drei mich umwerfend komisch. Wenn ich dann Griselda zur Rede stellte, rieb sie ihre Nase an meiner und sagte bloß: »Reg dich nicht auf, du eifersüchtiger alter Junge. Ich pflege die Familienbande. Ich liebe dich – und nur dich.« Was nichts daran änderte, daß ich mich elend fühlte.

Ich stellte fest, daß regelmäßige warme Mahlzeiten mein Leben veränderten. Da nun das Essen viel weniger Zeit in Anspruch nahm, hatte ich endlich Muße, Ordnung in meine Gedanken zu bringen. Oswald nutzte die eingesparte Zeit für die Jagd, Vater für seine Experimente, ich aber widmete den größten Teil beschaulicher Selbstbetrachtung. Ich war überwältigt, als ich feststellte, wieviel sich oberhalb meiner Schläfen und hinter meinen Augen abspielte, unabhängig davon, was außerhalb geschah. So unabhängig sogar, daß sich die inneren Ereignisse im Schlaf fortsetzten, und zwar noch lebhafter. Doch dann entglitten sie meiner Kontrolle und verwandelten sich in eine Art Spiegelbild der räumlichen Welt – wie ein Widerschein in einem Teich –, in der sich meine Gliedmaßen bewegten. Doch auch in jener gespiegelten Welt hatte ich einen Körper, einen schattenhaften Körper, der manchmal mit hundert Stundenmeilen von einem Punkt zum anderen raste, jedoch wie angewurzelt war, wenn ich verzweifelt versuchte, vor einem Löwen zu fliehen. Es war zu einfach, diese Wahrnehmung als Träumen abzutun, denn sie war fester Bestandteil der Wirklichkeit, wie meine Steinaxt etwa. Es widerfuhr mir! Die äußere Welt war unberechenbar und beängstigend, und noch viel unberechenbarer und beängstigender war die innere.

Eines Nachts zum Beispiel wurde ich im Traumland stundenlang von einem Löwen gejagt. Schließlich trieb er mich in die Enge. In höchster Verzweiflung schleuderte ich meinen Speer – und siehe da, er war leicht wie ein Schilfrohr. Er flog schwebend durch die Luft und durchbohrte den Löwen so mühelos, als handle es sich um den gebratenen Gibbon, den ich zum Abendessen verspeist hatte, ja, der Löwe war auf unerklärliche Weise gleichzeitig der Gibbon. Worauf der Löwe freundlich sagte: »Endlich hast du etwas für die Spezies getan, Ernest! Du hast das herrschende Tier abgelöst. Die Möglichkeiten sind überwältigend. Richtig ausgeschöpft, werden sie die Submenschheit auf den Wipfel des Evolutionsbaumes tragen. Glory, glory, Halleluja, meine Augen schauen das Ende des Pleistozäns.«

Ich erwachte unter dem Sternenhimmel, zitternd und schwitzend, mit Vaters klingender Stimme in den Ohren.

Von jenem Tag bis zum heutigen habe ich vor dem Schlafengehen nie mehr gebratenen Gibbon angerührt.

16

Oswalds Vorbereitungen waren abgeschlossen; eines Morgens kehrte er von einer ausgedehnten Erkundungstour zurück und berichtete, daß große Mammutherden, Elefantenherden, Bisonherden, Büffelherden und eine ganze Anzahl begehrter Huftiere sich auf eine strategisch günstige Position zubewegten. Kaum eine Stunde später rückte die ganze Horde aus, die vorjagdpflichtigen Kinder blieben in der Obhut von Mutter und Tante Mildred zurück. Oswald übernahm das Kommando der Operation; selbst Vater gehorchte zakkig und ohne zu murren seinen Befehlen. Oswald verteilte das Hauptkontingent seiner Truppe über das ganze Aufmarschgebiet, wie ein großes Netz, in das die Tiere gegen den Wind hineinlaufen würden. Eine kleinere Einheit, größtenteils Frauen, mußte in einem Parforcelauf das Land durchqueren, um die Herden durch Lärm und Geschrei ins Netz zu treiben; die Jüngeren fungierten als Melder und informierten Oswald, wann die einzelnen Jagddivisionen in Stellung gingen. Er selbst bestieg mit seinem Stab einen Festungshügel, von wo aus er die Operationen leitete und im Bedarfsfall Verstärkung abkommandieren konnte.

Alles ließ sich bestens an. Die Herden wurden durch die Treiber in Panik versetzt und rannten blindlings in einen Hinterhalt nach dem andern. Ein Teil von Oswalds Jagdtruppen lockte geschickt Mammuts und Elefanten in Fallgruben, derweil die anderen mit Speeren Pferde, Zebras, Büffel und sogar Gazellen erlegten, um eine möglichst vielfältige Auswahl an Fleisch zu gewährleisten. Innerhalb einer Woche hatten wir viel mehr für die Speisekammer gejagt, als wir überhaupt nach Hause tragen konnten; doch wir mußten ja, wie es der Brauch verlangte, unsere Beute mit einem Heer von Hyänen, Schakalen, Geiern und Falken teilen, die in Scharen aus allen vier Himmelsrichtungen herbeiflatterten, um sich auf unsere Kosten den Bauch vollzuschlagen.

»Well, well«, sagte Vater, während er befriedigt das Gemetzel überblickte. »Erinnert ihr euch an die Zeit, als wir uns unter die Aasfresser mischten? Jetzt folgen sie unseren Spuren«, und er verscheuchte mit einem gezielten Steinwurf eine Hyäne, die vor Wut heulend davonhinkte.

Mit Fleisch jeglicher Sorte beladen, machten wir uns fröhlich auf den Rückweg; zu Hause erwartete uns Mutter mit einem großen Feuer. Wir schnitzten eiligst aus grünem Holz Fleischspieße, Bratspieße und Bratenwender zurecht, schürten Glut für die Grilladen, häuften Asche auf, um darin Straußen-, Aepyornithes-, Storchen- und Flamingoeier zu braten. Als die Nacht hereingebrochen war, erhellte ein mächtiger Schein die Gegend in einem weiten Umkreis.

Und es dauerte nicht lange, bis Onkel Wanja erschien.

»Grüß dich Wanja!« rief Vater aufgeräumt. »Kommst gerade rechtzeitig zu unserem großen Fest! Schön, daß du gekommen bist!«

Onkel Wanja starrte finster auf den brutzelnden Festschmaus, zog den köstlichen Duft ein und sagte: »Es wird immer schlimmer mit dir, Edward. Hast du dir überlegt, was gekochtes Essen für die Zähne bedeutet? Würde mich nicht wundern, wenn die Hälfte von euch bereits kariöse Zähne hat. Ich bleibe, natürlich bleibe ich, obwohl mir ganz und gar nicht nach Feiern zumute ist, ganz und gar nicht ...«

Er ließ sich gleichwohl überreden, die vielen verschiedenen Gerichte zu probieren, und soweit ich feststellen konnte, griff er ebenso herzhaft zu wie wir anderen auch.

Das war vielleicht ein Barbecue, was uns da mit mehr als lukullischem Können aufgetragen wurde: Fleisch in verschwenderischer Auswahl, gebraten, gegrillt, geschmort, geröstet. Zum Hauptgang schnitten wir dicke Scheiben von Elefanten-, Antilopen- und Bisonkeulen, wickelten sie in eine Fettschicht ein und belegten sie großzügig mit noch mehr rohem Fleisch. Wenn sie durch und durch heiß waren, besprengten wir sie über der aufflackernden Glut mit dem Blut des Tieres, mit Beerensaft und dem Dotter von Aepyornitheseiern, nahmen sie dann vom Feuer und verzehrten zuerst die saftige Füllung, schnitten das übrige Fleisch in Würfel und rösteten es am Spieß.

Als wir endlich satt waren, stand Vater auf und hob zu reden an.

»Verwandte, Gefährtinnen, Söhne und Töchter! Ich möchte diesen freudigen und glücklichen Anlaß nicht vorbeigehen lassen, ohne mit ein paar Worten die Bedeutung dieses Tages hervorzuheben, um mit einem kurzen Rückblick auf unsere Vergangenheit unseres Fortschritts zu gedenken und gleichzeitig ein paar Gedanken künftigen Aufgaben zu widmen. Heute abend heißen wir vier entzückende junge Ladies in unserer Horde willkommen: die Lebensgefährtinnen unserer ältesten Söhne. Doch das ist nicht alles, denn ihre Ankunft in unserer Mitte ist der Beginn einer neuen Sitte, derzufolge künftig ein Affenmann sein Elternhaus verläßt und sich eine Gefährtin aus einer anderen Gruppe der subhumanen Familie sucht, derzufolge ein Affenmädchen Vater und Mutter verläßt, um sich mit ihrem Seelengefährten zu verbinden. Dieser edle Brauch soll – wie früher schon erwähnt – neue Energien zeugen, die, und davon bin ich überzeugt, die moralische und materielle Evolution unserer Spezies beschleunigen. Ja, ich wage zu behaupten, daß jene, die sich diesem wichtigen Experiment gebeugt haben, so mühevoll es anfänglich auch war, heute zutiefst davon überzeugt sind.«

»Hört, hört«, sagten Oswald, Wilbur, Alexander und die Mädchen, als Vater eine Pause für den Applaus einschaltete.

»Technologisch«, fuhr Vater fort, nachdem er sich huldvoll dankend nach allen Seiten verneigt hatte, »stehen wir mitten in einer Revolution. Die Vervollkommnung des Steinwerkzeugs schreitet langsam, aber stetig voran. Durch die Handhabung des Feuers jedoch verfügen wir nun zusätzlich über eine unbesiegbare Waffe auf unserem Marsch zur weltweiten Vorherrschaft.«

»Schande, Schande!« rief Onkel Wanja dazwischen. »Wilbur, mein Junge, könntest du mir vielleicht diesen Schenkelknochen spalten? Ich komme nicht ans ganze Mark heran.«

»Deine Reaktion, lieber Wanja, wundert mich nicht«, fuhr Vater fort, »doch was hast du anderes erwartet? Hast du vielleicht geglaubt, daß wir uns damit zufriedengeben, die Bären aus dieser Höhle hinauszuwerfen? Das war bloß eine erste Schlacht in einem großen Krieg. Tag für Tag werden Affenmenschen von Karnivoren getötet und aufgegessen, von Elefanten, Mastodonten und Hippopos flachgetrampelt, von Rhinozerossen aufgespießt, von jedem gehörnten Tier zu Tode geschüttelt, von giftigen Schlangen zu Tode gebissen und von ungiftigen zu Tode gewürgt. Und was von Reißzähnen, Hörnern, Hufen oder Gift verschont bleibt, wird von einem Heer anderer Todfeinde vernichtet, die zum Teil so winzig klein sind, daß man sie von bloßem Auge kaum sieht, die jedoch aufgrund ihrer Überzahl – bis zum heutigen Tag jedenfalls – nicht besiegt werden können. Des Menschen Tage auf Erden sind kurz, und die reine Spezies läuft permanent Gefahr, auszusterben. Unsere Antwort ist Kampf: Wir werden es sein, die jede Spezies ausrotten, die uns jagt! Verschont wird nur, wer sich unterwirft. Wir rufen jeder anderen Spezies laut und deutlich zu: Nehmt euch in acht! Entweder ihr seid unsere Sklaven, oder ihr verschwindet von der Oberfläche der Erde. Wir sind die künftigen Herren; wir werden euch überwältigen, übertrumpfen, überlisten, überflügeln und überevolvieren! Das ist unsere Politik – eine andere gibt es nicht.«

»Doch, es gibt eine andere«, rief Onkel Wanja dazwischen. »Zurück auf die Bäume.«

»Zurück! Zurück ins Miozän«, fauchte Vater.

»War gar nicht so übel, das alte Miozän«, knurrte Onkel Wanja. »Jedermann wußte, wohin er gehörte.«

»So? Und sieh sie dir jetzt an: Fossile!« entgegnete Vater. »Man kann rückwärts schreiten, man kann vorwärts schreiten, aber man darf nicht stehenbleiben – auch nicht auf den Bäumen. Ein Affenmensch hat nur eine Aufgabe: vorwärts schreiten – in Richtung Menschheit, Geschichte, Zivilisation! Laßt uns also heute abend feierlich …«

Bumm! Bumm! Bumm! Onkel Wanja trommelte mit den Fäusten auf seine Brust wie ein herablassender Gorilla.

»Laßt uns«, wiederholte Vater mit Nachdruck, »laßt uns heute einen feierlichen Eid ablegen, daß wir uns nie zufriedengeben werden, daß wir unermüdlich und beharrlich den Fortschritt anstreben. Laßt uns in der Bearbeitung des Steins vom Paläolithikum zum Neolithikum schreiten …«

Wilbur schlug mit einem übermütigen Juchhe zwei runde Flintsteine gegeneinander: tschp, tschp, tschp.

»Laßt uns im Bereich der Jagd stetig unsere Wurfgeschosse weiterentwickeln …«

Oswald rasselte grimmig mit seinen Speeren.

»Laßt uns an der inneren Front die Hauswirtschaft rationalisieren, um in Hinblick auf den großen Kampf Zeit einzusparen …«

Mutter schaute ihn strahlend an und schlug mit den Fingern zwei Knöchelchen gegeneinander, die sie jeweils den Babys in den Mund steckte, um das Wachstum der Milchzähne zu beschleunigen: klapper, klapper, klapper.

»Laßt uns die schönen Künste und die Beobachtung der Natur fördern …«

Alexander packte ein weggeworfenes Widderhorn und entlockte ihm einen heulenden Ton.

»Und laßt uns den Verstand jener anfeuern, die bisher noch nicht viel zu diesem großen Vorhaben beigetragen haben außer Polemik und Demagogie …«

Ich steckte die Finger in den Mund und pfiff höhnisch dazwischen.

Der Tumult schwoll ohrenbetäubend an, und Vaters Rede ging endgültig darin unter. Onkel Wanja trommelte dröhnend auf seine Brust, alle klapperten oder rasselten mit irgendeinem Gegenstand. Vaters Stimme übertönte schließlich den Lärm.

»Bravo, bravissimo, wir werden es weit bringen! Presto, Oswald. Halte den Ton, Ernest. Das Schlagzeug, Wanja; Alexander, das Horn; Liebste, bitte die Kastagnetten. Staccato Wilbur. Das Schlagzeug, Wanja …«

Tschingderassabum-bum! Tschingderassa, tschingbum, tschingderassabum-bum!

Vater schlug mit einem Stock in der einen Hand den Takt, mit der anderen Hand feuerte er uns zu einem Fortissimo an oder dämpfte uns zu einem Piano. Der Lärm nahm langsam Form an; wurde lebendig, wiegte sich hin und her wie eine gescheckte Schlange, schnellte vorwärts, rückwärts, wand sich um sich selbst.

Tschingderassabum, tschingderassa, tschingbum …

Erregung bemächtige sich unser. Die Frauen waren aufgesprungen und wiegten sich seltsam in den Hüften, drehten sich im Kreis, schüttelten die Fäuste in der Luft …

»Da capo«, brüllte Vater berauscht, als die herumwirbelnden Frauen in den Feuerschein traten. »Haltet den Takt. Molto Allegro! Presto! Schlagzeug! Kastagnetten! Horn! Swingt! Swingt!«

Im Busch brüllten die Löwen ihre Empörung in die Nacht; die Elefanten trompeteten durchdringende Proteste von den Wasserstellen her; und sämtliche Schakale des Urwalds stimmten ein langgezogenes Geheul an.

Mochten auch unsere Tage auf Erden kurz sein, die Spezies dünn gesät, der Kampf ums Überleben hart und das paläolithische Zeitalter sich endlos vor uns erstrekken …

Wir aber tanzten!

Wir trommelten und bliesen und pfiffen und klapperten drauflos. Schweiß rann über unsere Wangen, floß über unsere Lenden. Onkel Wanja hatte sich blau und schwarz getrommelt; Vaters Stimme krächzte heiser; doch die Frauen stampften und wiegten und drehten sich und wirbelten im Feuerschein.

Was für ein Tanz, dieser erste Tanz!

Er endete jäh.

Ein halbes Dutzend riesige Schatten platzte in unsere Mitte, fielen über die Reihe der tanzenden Frauen her, machten sich in einem kreischenden Durcheinander in der Luft zappelnder Beine mit ihnen davon, wie Adler mit ihrer Beute. Elsie, Ann, Alice, Doreen wurden von der Nacht verschluckt, und ein paar Tanten dazu. Ich war zwar außer Atem vor lauter Pfeifen, nahm aber dennoch die Verfolgung auf, stolperte allerdings unerklärlicherweise über Griseldas ausgestreckte Beine und fiel flach auf die Nase. Oswald schleuderte seine Speere vergeblich in die Dunkelheit hinaus. Wilbur und Alexander sprangen verdutzt auf die Beine. Tante Mildred hatte sich unter Onkel Wanjas schützenden Arm verkrochen wie ein Kaninchen in seinen Bau. Vater allerdings schaute eher gleichgültig drein, hielt sein Stöckchen in die Höhe, als sei nichts geschehen, als würden wir gleich mit dem Konzert weiterfahren.

Was unsere Schwestern betraf – sie waren alle geraubt worden!

Halbbetäubt vor Zorn wollte ich eine Truppe aufstellen, um die Verfolgung aufzunehmen.

»Laß meine Brüder in Frieden, Ernest«, sagte Griselda ruhig.

»Zur Frau nehmen und zur Frau geben«, sagte Vater. »Nun denn, Mutter, die Mädchen wären an den Mann gebracht. Weine nicht, Liebe. Sie sind ausgezeichnete Köchinnen und werden großartige Ehefrauen abgeben. Das ist nun mal der Lauf der Welt.«

Mir ging blitzartig ein Licht auf. Ich schaute von Vater zu Griselda und wieder zu Vater. Das war es also, was sich das feine Paar – zusammen mit Elsie! – heimtückisch ausgeheckt hatte. Oh, ein schuftiger Verrat.

»Das war eine abgekartete Sache!« donnerte ich.

»Nicht doch, mein Junge«, sagte Vater. »Sagen wir einmal, ich habe mich auf die Natur verlassen … habe ihr bloß ein bißchen auf die Sprünge geholfen, nichts weiter.«

»Mich haben sie übersehen«, plärrte Tante Pam. »Sie haben Aggie und Angela und Nellie mitgenommen, mich aber haben sie übersehen.« Tatsächlich, sie war als einzige der verwitweten Tanten zurückgeblieben.

»Sie können noch nicht sehr weit sein«, sagte Vater.

Tante Pam stürzte auf der Stelle mit wehender Mähne in die Dunkelheit hinaus. »Wartet auf mich!« kreischte sie; ihre Rufe wurden immer leiser und immer ferner, gingen schließlich im Urwald unter.

»Waaartet auf mich!«

17

Kurze Zeit später stürzte eines Nachmittags Vater mit Wilbur auf den Fersen in die Höhle. »Wir haben's geschafft!« rief er jubelnd. »Hurra! Wir haben's geschafft!«

»Was geschafft?« fragten alle, außer mir. Mit müder Stimme fragte ich: »Was habt ihr denn jetzt wieder geschafft?«

»Kommt und schaut!« rief Vater. »Verrate nichts, Wilbur. Sie sollen selbst sehen. Kommt alle mit. Alle. Ist zu wunderbar, um sich das Ereignis entgehen zu lassen.«

Wir folgten geschlossen Vater und Wilbur etliche Meilen durch den Busch, kletterten dann auf einen Hügel. »Schaut!« rief Vater mit einer theatralischen Geste. Am Fuße des Hügels erhob sich eine hohe Rauchsäule, begleitet vom Knistern und Prasseln eines großen Feuers.

»Noch ein Feuer«, stellten wir fest.

»Wir zwei ... Wir zwei haben es gemacht«, sagte Vater mit vor Stolz geschwellter Brust.

»Du willst damit sagen, daß du wieder auf dem Vulkan gewesen bist?« fragte Mutter. »Du hast dich aber beeilt. Bist doch erst heute morgen weggegangen?«

»Wir sind nicht auf dem Vulkan gewesen«, sagte Vater. »Wir brauchen nie mehr auf den verdammten Vulkan zu steigen. Wir haben das Feuer selbst gemacht! Haben aus nichts Feuer gemacht. Besser gesagt, aus Feuersteinen. Aus dem roten Stein, den Wilbur vom See mitgebracht hat; ein großartiges Material. Wenn man mit unseren gewöhnlichen Flintsteinen draufschlägt, stieben die Funken nur so! Nicht bloß ein oder zwei Fünkchen, ganze Funkengarben. Das Problem bestand darin, sie einzufangen. Wir haben seit Wochen daran experimentiert, bis wir heute morgen die Antwort gefunden haben. Eine Handvoll Mulch genügt! Stellt euch vor! Bloß ein paar dürre Blätter, ein paar dürre Zweige, ein kleines, trockenes Stück Holz ... und so weiter. Man muß es von einem winzigen Anfang an ausgehend, der kaum nach Feuer aussieht, aufblasen und systematisch aufbauen.«

Das Prinzip leuchtete mir ein. »Geschickt gemacht«, nickte ich anerkennend.

»Wohin wir auch gehen«, sagte Vater strahlend, »von nun an können wir nach Belieben und wann es uns paßt Feuer machen. Wir brauchen bloß, nebst einem gewöhnlichen Flint, diesen neuen roten Stein mitzunehmen, und schon sind wir in der Lage, ein neues Feuer anzufachen. Den Möglichkeiten, die sich uns eröffnen, sind keine Grenzen gesetzt.«

»Mir scheint, euer Feuer wird immer größer«, stellte ich fest.

»Keine Sorge, wir haben nur ein ganz kleines gemacht«, sagte Vater. »Es geht in einer Minute aus, was egal ist, weil wir ja jederzeit ein neues machen können. Komm, Wilbur, wir führen es ihnen vor. Hier ist es schön trocken.«

»Wollen wir nicht lieber warten, bis das eine ganz ausgegangen ist, bevor ihr ein neues anzündet?« wandte ich ein.

Plötzlich wurde allen klar, daß das Feuer keineswegs ausging. Im Gegenteil.

Noch während Vater redete, war es gewaltig gewachsen. Rauch türmte sich inzwischen zu dichten, schwarzen Wolken auf und wälzte sich drohend auf uns zu. Die Kinder husteten. Ein beängstigendes Lodern kletterte den Hügel herauf.

»Es geht bestimmt gleich aus«, sagte Vater betreten. »Wir haben bloß ein paar Äste draufgelegt, damit es nicht ausgeht, während wir euch holen gingen.«

»Ein paar Äste«, sagte Oswald, »seht euch das an!«

Am Abhang ging plötzlich ein Dornbusch in Flammen auf. Dann drehte der Wind auf, und ein Funkenregen flog über unsere Köpfe hinweg.

»Ärgerlich«, sagte Vater und biß sich auf die Lippen. Unter seinen Füßen entzündete sich zischend ein Grasbüschel. »Sehr ärgerlich«, fügte er hinzu und sprang zur Seite. »Wir gehen lieber nach Hause. Unterwegs überlege ich mir, wie man es aufhalten kann.«

»Du überlegst?« fauchte ich. »Bitte überleg schnell. Das Feuer umzingelt uns bereits.«

Die Frauen brachen in lautes Jammern aus. Der Hügel war inzwischen von einem prasselnden Feuermeer umgeben. Die ganze Ebene schien in Flammen zu stehen, und der blutrot lodernde Feuerwall rückte unaufhaltsam vor, kam näher und näher.

»Dort unten ist eine Lücke«, schrie Oswald und schwang ein Kind auf die Schultern. »Packt die Kinder, und rennt um euer Leben!«

Innerhalb von Sekunden rasten wir hügelabwärts. Wir erreichten die Lücke gerade noch rechtzeitig, die Hitze war unerträglich und der Lärm ohrenbetäubend. Eine riesige Rauchwolke verdunkelte die Sonne. Es war fast unmöglich zu atmen und noch unmöglicher zu erkennen, aus welcher Richtung das Feuer kam. Flammen züngelten einmal hier, einmal dort aus der Rauchwand.

Bei jedem Schritt zuckten kleine Feuer auf; unsere Füße und Beine waren blasenübersät.

»Zur Höhle«, schrie Vater. »Dort sind wir in Sicherheit.«

Hustend und nach Atem ringend, die vor Schmerz und Angst wimmernden Kinder auf dem Arm, stürzten wir weiter. Doch wir mußten schon bald erkennen, daß der Rückweg abgeschnitten war. Das Feuer lief schneller als wir.

»Zwecklos, Vater«, schrie Oswald über die Schulter zurück. »Wir kommen nicht durch. Wir müssen es von der anderen Seite versuchen.«

Vater blickte finster. In der einzigen Richtung, die uns noch offenstand, gab es keine Höhlen, keine Flüsse, keinerlei Feuerdämme. Wenn das Feuer uns folgte, waren wir erledigt. Aber wir hatten keine andere Wahl.

»Bleibt beieinander!« schrie Vater. »Oswald, geh du voraus. Ich treibe die Frauen an.« Er brach einen Stock aus einem Bambusgebüsch und ließ ihn kräftig auf das Hinterteil von Petronella niedersausen, die zufällig den Schluß des sich mühsam vorwärts kämpfenden Trüppchens bildete.

»Vorwärts!« brüllte er.

»Ich kann nicht mehr«, schluchzte sie. »Ich schaff's nicht mehr.«

»Du schaffst es, vorwärts, marsch!«

Und sie stolperte weiter, bis Alexander, der bereits mit zwei Kindern beladen war, auf sie wartete und ihr den Ellbogen hinhielt, damit sie sich daran festklammern konnte. Und schon sauste Vaters Stock erbarmungslos auf die nächste Nachzüglerin herab.

Da stellten wir plötzlich zu unserem Erstaunen fest, daß wir nicht allein waren. Aus dem Buschwerk stürzten Zebras, Impalas, Antilopen und ganze Rudel Warzenschweine und schlossen sich mit vor Entsetzen weit aufgerissenen Augen unserem flüchtenden Zug an. Eine kleine Herde Giraffen rannte in gewaltigen Sätzen als Spähtrupp vor Oswald her; das meiste Wild blieb uns jedoch dicht auf den Fersen und vertraute sich unserer Führung an. Ich hörte Keuchen und gedämpfte Schritte neben mir; als ich mich umschaute, sah ich eine junge Löwin mit einem Welpen zwischen den Zähnen. Sie legte mir das Bündelchen vor die Füße, sah mich flehend an und sprang in die Flammen zurück, um kurz darauf mit versengtem Fell und einem weiteren Jungen zwischen den Zähnen wiederaufzutauchen. Abwechselnd das eine, dann das andere ein Stück weit tragend, hielt sie mit uns Schritt, ohne den Gazellen, deren schweißüberströmte Weichen sie streifte, einen einzigen Blick zu schenken. Etwas später schloß sich ihr eine Gepardin mit einem einzelnen Jungen an, dann eine Familie geflüchteter Paviane, die eine Schar Kinder auf den Schultern trugen.

Und dann folgte ein fürchterliches Krachen ... und aus einer riesigen Euphorbie, deren Krone bereits zu schwelen begonnen hatte, plumpste uns Onkel Wanja vor die Füße.

»Ich hab's dir gesagt!« brüllte er außer sich. »Das ist das Ende der Welt. Du hast es geschafft, Edward.«

»Du kommst gerade zur rechten Zeit«, antwortete Vater, »kümmere dich lieber um Mildred.«

Und von da an war Onkel Wanja vollauf beschäftigt.

Einen Moment lang schien es, als ob wir dem Feuer entkommen könnten. Unmittelbar vor uns tat sich eine tiefe, felsige Schlucht auf, in die sich die flüchtende Horde Hals über Kopf stürzte. Dahinter öffnete sich eine weite, mit Gras und Gestrüpp bewachsene Ebene. Wenn das Feuer uns dort einholte, bedeutete dies das Ende. Von allen Seiten rasten Tiere auf uns zu wie auf einen rettenden Wildpark. Sogar die Schlangen zischten in Panik durch das hohe Gras. Einzig die in dichten Schwärmen über uns hinwegziehenden Vögel schienen in Sicherheit zu sein; Falken, Geier und sogar andere nutzten unsere Not aus, schossen auf Schlangen und Kleingetier herab und flogen mit der leichten Beute davon. Wir waren zu erschöpft, um weiterzulaufen. Wir erkannten, daß es sinnlos war, es überhaupt zu versuchen, denn die Giraffen, die uns vorausgaloppiert waren, trabten wieder zurück.

Wir waren umzingelt.

Ich kletterte den felsigen Hang hinauf, auf dem Tiere aller Gattungen keuchend Seite an Seite lagen, Löwe neben Rehbock, Leopard neben Pavian, Hyäne neben Antilope – und alle starrten gebannt auf den glühenden Horizont. Zwei lange Flammenarme streckten sich einander entgegen und schienen sich jeden Moment zu berühren. Doch es kam noch schlimmer: Der Wind hatte inzwischen leicht gedreht, und die Flammen züngelten wieder auf uns zu. Der Weg durch die Schlucht war durch den Glutofen des brennenden Waldes versperrt; der Weg vor uns war von den im Steppengras auf uns zurasenden Flammen abgeschnitten.

»Hoffnungslos!« schrie ich Vater zu. »Es gibt keinen Ausweg, das Feuer kommt immer näher.«

»Wie lange dauert es, bis es hier ist?« schrie Vater zurück.

»Eine halbe Stunde allerhöchstens«, sagte ich.

»So komm herunter und hilf«, befahl Vater.

Als ich wieder unten war, erteilte er mit scharfer,

eindringlicher Stimme Befehle. »Bringt die Kinder am Felsen in Sicherheit. Die Hälfte von euch geht mit Wilbur, die andere mit mir.« Er rannte in die eine Richtung, Wilbur in die andere.

Ich war Vater gefolgt, und da sah ich zu meinem Entsetzen, daß er sich niederkniete und mit seinen Steinen dicht am dürren Gras Funken über Funken schlug.

»Bist du verrückt geworden?« brüllte ich.

»Wir müssen eine Schneise abbrennen, die das große Feuer nicht durchqueren kann; Wilbur und ich, wir zünden das Gras abschnittweise an, ihr sucht euch Stöcke und schlagt auf das Feuer ein, bis es ganz aus und die Erde kahl ist. Das ist unsere einzige Chance.«

Ich überlegte kurz: Die Strategie leuchtete mir ein, also legte ich mich wie eine Arbeiterameise ins Zeug. Vor uns erhob sich der riesige Vorhang aus Flammen und Rauch, der sich wie tausend rote Rhinozerosse auf uns zubewegte. Wir brannten das Gras in kleinen, überschaubaren Feuern ab, schlugen und stampften sie aus und zogen so – hoffnungslos langsam, kam es mir vor – eine schwarze, unentflammbare Grenze um unsere kleine Rettungsinsel, auf der sich Frauen, Kinder und zitternde, verschreckte Tiere aneinanderdrängten.

Wir waren gerade rechtzeitig damit fertig, als die riesige, gierige Flammensäule auf uns zudonnerte. Die gewaltige Hitzewelle warf uns an die ebenfalls glühendheißen Felsen zurück. Wir rissen hastig die spärlichen Grasbüschel aus und preßten sie den Kindern vor Mund und Nase, während die Tiere winselten und in Todesangst um sich schlugen ... als eine riesige, beißende Rauchwolke, in der brennendes Gras und glühende Holzstücke wirbelten, alles um uns herum verschlang.

Doch sie zog an uns vorbei. Sie machte einen Bogen und verzog sich im verkohlten Wald, aus dem sie gekommen war. Der Rauch lichtete sich nach und nach, und man konnte freier atmen.

Wir alle hatten nur noch einen Gedanken: Wasser! Langsam schwankte der erschöpfte Haufen, Zweibeiner und Vierbeiner Seite an Seite, durch die Glut und die rauchende Asche – das einzige, was von der Gegend übriggeblieben war – zum nächsten Fluß. Keinen gelüstete es nach seinem Nächsten; jeder trug seine Jungen oder führte seine Kinderschar an. So stolperten wir zu den Wasserstellen, wo die Krokodile warteten. Doch sie waren fassungslos angesichts dieses Andranges von Lebewesen, dieses noch nie erlebten gewaltigen Schlürfens und Planschens und Spritzens, der zahllosen Hufe und Tatzen und Füße, und sie machten sich aus dem Staub. Dann, als sich alle in Sicherheit wußten, als alle den Durst gelöscht und die Brandwunden gekühlt hatten, sah sich jeder um nach jedem, und die Tiere stoben in alle Richtungen davon, nur ein verlorengegangenes Damhirschkitz blieb zurück und schmiegte sich in Williams Arme.

»Das hätten wir also geschafft«, sagte Vater aufgeräumt. »Jetzt seht ihr, was für eine wunderbare Erfindung das ist. Wenn Wilbur und ich nicht in der Lage gewesen wären, im richtigen Moment Feuer zu machen, wärt ihr jetzt alle ein einziger großer Mixed grill.«

Onkel Wanja sperrte den Mund auf. Er rang vergeblich nach Worten, also klappte er ihn entmutigt wieder zu, stand ächzend auf, streckte mit einer verzweifelten Geste die Hand gegen den Himmel und humpelte langsam davon; unter jedem seiner Schritte wirbelte eine weiße, stickige Aschenwolke auf.

Es blieb Griselda überlassen, darauf zu antworten. Schwarz von Kopf bis Fuß, die Brauen und den größten Teil ihres Haares versengt, blickte sie mich kläglich aus blutunterlaufenen Augen an und sagte heiser: »Dein Vater ist wirklich unmöglich.«

18

Der Weg zurück in die Höhle war lang und beschwerlich. Weite Landstriche schwelten noch immer unter dem Aschenteppich. Unsere Verbrennungen und Brandblasen machten uns zu schaffen; die Kinder wimmerten und greinten und mußten die meiste Zeit getragen werden. Griselda war niedergeschlagen, doch sie hatte endlich eingesehen, was für ein gefährlicher Revolutionär Vater war: immerhin etwas. Ich versuchte sie aufzuheitern und erzählte ihr von meinen bedeutsamen Erkenntnissen hinsichtlich der Bedeutung von Träumen: von den Ausflügen, die wir in jene andere Welt unternehmen, wenn der Körper in Schlaf eingeschlossen ist, einen Schlaf, in den wir endgültig versinken, wenn wir jemandem zur Beute fallen – eine Annahme, die, meiner Ansicht nach, nicht von der Hand zu weisen ist.

»Bist ein richtiger Philosoph, was?« sagte Griselda, während sie finster ihr Spiegelbild in einem Teich am Weg betrachtete. »Glaubst du, daß mein Haar auf dieser Seite nachwächst? Oder wird auch der Rest ausfallen, und ich bleibe mein Leben lang kahl?«

Wir waren tatsächlich alle sehr schlecht gelaunt, ausgenommen Vater, der höchst interessiert in der Asche herumstocherte und zwischendurch geröstete Schlangen, Klippdachse, Eichhörnchen und sogar Waldducker herauszog, die er reihum anbot und dabei betonte, man komme schließlich nicht alle Tage zu einer geschenkten, warmen Mahlzeit. Wir waren allerdings in einer zu kläglichen Verfassung, um uns über die Delikatessen zu freuen. Als wir endlich die Höhle erreichten, war unser Feuer natürlich ausgegangen. Vater trug trockenes Gras und dürres Laub zusammen, sammelte im niedergebrannten Wald verkohltes Holz, hantierte dann eifrig mit seinem Flint und seinem Eisenstein und entfachte schnell einen neuen Brand.

»Das hätten wir«, verkündete er stolz. »War vielleicht etwas unangenehm, das Ganze, aber wie ihr seht, es hat sich gelohnt! Feuer, wann man will, wo man will, und kaum anstrengender, als auf einen Knopf zu drücken. Es wird Zeit dauern, bevor jemand diese Vorrichtung verbessert.«

»Hm«, sagte Oswald, »wie auch immer, Vater, du hättest dir die Mühe sparen können, wo wir ja doch ausziehen müssen.«

»Ausziehen? Warum um alles in der Welt?« rief Vater aus.

»Ausziehen?« stieß Mutter hervor. »Ich höre zum ersten Mal davon. Und ich hoffe, zum letzten Mal.«

»Ausziehen?« rief Tante Mildred. »Ich kann nicht mehr. Keinen Schritt.«

»Trotzdem«, sagte Oswald, »wir ziehen aus. Es ist euch wohl entgangen, daß dank Vaters kleinem Experiment weit und breit alles Gras verbrannt ist, ganz zu schweigen vom größten Teil des Waldes in einem Umkreis von hundert Meilen. Kein Gras bedeutet kein Wild. Kein Wild bedeutet keine Nahrung. Es wird nicht lange dauern, und wir sind wieder unterwegs.«

»Morgen geht's auf zu anderen Wäldern und neuen Weiden«, doppelte ich nach.

»Morgen!« kreischten die jüngeren Frauen. »O nein, das kann doch nicht dein Ernst sein?«

»Und das bedeutet ...«, sagte Mutter matt und blickte Vater an, »das bedeutet das Ende der Höhle.«

»Ich finde euch eine andere Höhle«, sagte Vater. »Ehm … diese hier wäre ohnehin bald zu eng für uns alle, jetzt, wo die Kinder eigene Familien haben, meinst du nicht auch? Was wir brauchen«, fuhr er fort, und sein Gesicht hellte sich dabei auf, »was wir brauchen, ist nicht nur eine Höhle, sondern eine ganze Reihe Höhlen; freistehende Einfamilienhöhlen sozusagen. Kalksteinformationen wären genau das Richtige. Was meinst du, Wilbur?«

»Well, also …«, meinte Wilbur zweifelnd, doch Oswald fiel ihm ins Wort.

»Was wir brauchen, ist ein hübscher, wildreicher Jagdgrund. Und wildreich muß er sein, weil wir nun alle eine Familie zu ernähren haben. Verschont mich also mit euren Hirngespinsten. Wo Wild haust, hausen auch wir, egal, ob es dort Kalksteinformationen gibt oder nicht. Die Jagd geht vor.«

»Oswald hat recht«, sagte Griselda. »Im übrigen und nur nebenbei, ich und ein paar andere junge Frauen unter uns bekommen demnächst ein Baby. Wie weit ist es bis zu diesem glücklichen Jagdgrund, lieber Oswald?«

»Ich habe nicht die geringste Ahnung, du dumme Gans«, sagte Oswald. »Wie sollte ich? Wir wandern einfach, bis wir ihn finden, so einfach ist das.«

»Wie viele Tage soll das dauern?« beharrte Griselda.

»Ich sag doch, daß ich's nicht weiß. Zehn, zwanzig, dreißig, vielleicht hundert. Ja und?«

»Und wo werde ich mein Baby kriegen?«

»Laß mich in Frieden mit deinem Baby! Kriege es in einem Gebüsch, und trag es auf dem Rücken wie jedes vernünftige Weibsbild, und hör auf mit der dummen Fragerei.«

Clementine brach in Tränen aus. »Ab… ab… aber

Ossi, Darling, ich möchte unseres so gern hier zur Welt bringen. Es ist so hübsch hier, der Komposthaufen und das Wasser und alles ... Ich will hierbleiben.«

»Schnauze!« brüllte Oswald. »Du kannst nicht hierbleiben, basta. Und überhaupt, wer ist an der ganzen Misere schuld? Wer? Schließlich habe nicht ich sämtliches Weideland in Uganda in Brand gesteckt, oder?«

»Ich muß schon sagen, Edward«, wandte Mutter ein, »du hättest an die Mädchen denken müssen. Ein wahres Wunder, daß ihnen nichts Peinliches zugestoßen ist – in ihrem Zustand. Und jetzt verlangst du von ihnen, daß sie auch noch über Berg und Tal marschieren.«

Daß Vater und Mutter sich stritten, kam selten vor; ich kann mich nicht erinnern, daß Vater sie jemals geschlagen hätte; doch jetzt explodierte er förmlich.

»Wirklich, Millicent, wenn man dich hört, könnte man glauben, ich vernachlässige meine Familie, dabei rackere ich mich bis auf die blanken Knochen für euer Wohlergehen ab!

Natürlich habe ich an die Mädchen gedacht! Willst du etwa behaupten, daß es für sie kein Vorteil ist, mit einem Flintstein Feuer machen zu können? Oder für ihre Kinder? Möchtest du lieber, daß sie weiter haushalten müssen wie bisher, auf einen Vulkan klettern müssen, wenn sie zum Abendessen eine Ente kochen wollen? Ist das etwa deine Vorstellung von Schwangerschaftsgymnastik? Und was, wenn die Vulkane erlöschen? Hat vielleicht einer von euch darüber nachgedacht? Ich wette, nein! Zugegeben, es sind große Feuer, doch die erlöschen wie alle anderen Feuer. Wilbur und ich haben uns alle Mühe gegeben ...«

»Ich weiß ja, Lieber, ich weiß«, sagte Mutter, »aber ...«

»Alle erdenkliche Mühe«, wiederholte Vater, »und denkt doch … ehm … an die Annehmlichkeiten.«

»Ja, Lieber, ja, doch die Mädchen sind wirklich nicht in Form für eine lange Reise.«

»Eine lange Reise!« rief Vater aus. »Was bedeutet denn heute schon eine lange Reise? In früheren Zeiten, ja, da war es ein Abenteuer. Man wurde von Löwen gejagt und von Krokodilen verfolgt und fand nichts Anständiges zu essen und mußte auf Bäumen übernachten. Doch das hat sich inzwischen alles geändert. Heutzutage zündet man einfach ein oder zwei Feuer an, wo immer man sein Biwak aufschlägt. Das hält die Karnivoren fern. Ist man durchnäßt, trocknet einen das Feuer im Handumdrehen. Auf Safari kann man laufend die Speerspitzen härten. Man kann das Wild mit dem Speer in der einen Hand und mit einem brennenden Ast in der anderen jagen. Man kann …«

»… die ganze Gegend in Brand stecken«, warf ich ein.

»Feuer ad lib.«, fegte Vater meinen Einwand hinweg, »das macht uns für alle Zeiten zur dominierenden Spezies. Mit Feuer und Feuerstein zur Macht. Und unsere Sippe an vorderster Front. Du redest von den jungen Frauen! Ich aber, ich denke an ihre Kinder, die in eine bessere Welt hineingeboren werden, besser als je erträumt. Ich plane die Zukunft, und ihr meckert, wenn ihr die Höhle für ein oder zwei Jahre verlassen müßt. Dieses verdammte Gras wird doch früher oder später nachwachsen, oder? Ich blicke dem Tag entgegen, an dem jede Horde ihre eigene Höhle hat, jede Höhle ihr Feuer, jedes Feuer seinen Bratspieß und jeder Bratspieß seinen Pferdebraten, – an dem eine Reise eine vergnügliche Wanderschaft von einem gastfreundlichen Feuer zum anderen …«

Während sich Vater in romantischen Schwärmereien von einem paläolithischen Arkadien erging, überdachte ich schnell die Bedeutung seiner Worte. Ich stellte verächtlich fest, daß Wilbur und Alexander und die Frauen auf seine Werbesprüche hereingefallen waren, natürlich, und daß sogar Oswald, der sonst schnell wußte, wie der Hase lief, nichts gewittert hatte. Ich wartete auf eine günstige Gelegenheit und schlug dann gnadenlos zu.

»Verstehe ich richtig, Vater, du hast also vor, diese Formel für die Herstellung von Feuer jedem Tom, Dick und Harry in ganz Afrika bekanntzugeben?«

Vater blickte mich erstaunt an. »Aber natürlich. Ja und? Was hast du dagegen einzuwenden?«

Ich kniff die Lippen zusammen, dachte einen Moment nach, bevor ich antwortete, sagte dann ruhig: »Ganz schlicht, daß ich mich entschieden jeglicher unbefugten Weitergabe von Hordengeheimnissen an unbefugte Personen widersetze!«

Tödliche Stille trat ein. Mit Genugtuung stellte ich fest, daß die ganze Horde mir überrascht zuhörte.

Vater schaute in die Runde, sagte dann nachdenklich: »Ach so, tatsächlich? Und darf man wissen, warum?«

»Aus einer ganzen Menge Gründe«, sagte ich finster, »die, wie ich hoffe, von der Horde als überzeugend akzeptiert werden. Erstens einmal, weil das Geheimnis unser Geheimnis ist, bis wir beschließen, es zu teilen. Du hast bereits die Chance eines absoluten Feuermonopols ein für allemal in den Wind gehängt. Ich war zu jung, um dich daran zu hindern, überall herumzuposaunen, daß wir wildes Feuer von den Vulkanen holen. Nach den Rauchfahnen zu urteilen, die sich überall in der Gegend erheben, hat wohl mittlerweile jedermann

Feuer, mit eingeschlossen meine reizende Schwiegerfamilie, und wir sind ihnen nicht einmal mehr um eine Pferdelende überlegen. Hast du das Geheimnis vielleicht verkauft? Hast du seine Anwendung zumindest patentieren lassen, Vater? Nein, du hast es nicht getan! Du hast es verschenkt, weggeschmissen. Well, ich bin inzwischen älter, und wenn ich es verhindern kann, wirst du diesmal Eigentum der Horde nicht einfach verschenken.«

»Ich verstehe«, sagte Vater. »Du schlägst also vor, für eine Einführung in die Feuertechnik Kursgeld zu verlangen, hab ich recht? Sechs Zebras für eine Vorlesung über den Umgang mit Flintsteinen und Laterit, sechs für eine über die Wahl des richtigen Zündmaterials, weitere sechs für die praktische Anweisung im Anfachen der schwelenden Glut ... Ist es das, was dir vorschwebt?«

»Ich sehe nicht ein, was daran unmoralisch sein soll«, sagte ich. »Spottbillig wäre das. Aber ich bin der Ansicht, daß man es vorläufig überhaupt nicht teilen soll. Künstliches Feuer gibt uns einen Vorsprung, der weit mehr wert ist als ein paar Dutzend Zebras. Andere Spezies werden zugeben müssen, daß wir ... ja, daß wir die herrschende Spezies sind. Ich denke an die Zukunft. Ich bin der Meinung, daß es sich bezahlt macht, wenn wir die einzigen sind, die ein Feuer machen können, und wenn andere ein Feuer haben wollen, müssen sie eben nach uns schicken, damit wir es für sie machen – zu bestimmten Bedingungen, wohlverstanden.«

»Ernest!« donnerte Vater hochrot vor Empörung. »Kein Wort mehr, hörst du?«

»O doch, du wirst mir zuhören«, entgegnete ich zornig. »Nicht nur du bist davon betroffen. Ich denke an die Kinder! Ich denke an die Karriere meiner Söhne, an Oswalds und Alexanders Söhne und auch an die deiner Söhne, Wilbur! Ich denke einzig und allein an die Zukunft unserer Kinder und schwelge nicht in irgendwelchen romantischen Visionen. Und ich beharre darauf, daß wir unseren Söhnen nicht die Chance verbauen dürfen, sich als diplomierte Feuermacher und Pyrotechniker zu etablieren. Kein Wort gegen die Jagd als Beruf, Oswald; ich meine nur, daß es unter Umständen auch andere Berufe gibt, wenigstens für die langsamerfüßigen unter uns.«

»Da ist was dran«, sagte Oswald. »Schließlich, warum sollen wir diesem ordinären Volk unsere Errungenschaften gratis, franko und geschenkt überlassen?«

»Zum Wohle der Spezies natürlich«, sagte Vater. »Für die Submenschheit. Um der Sache der Evolution zu dienen und sie zu fördern. Um ...«

»Lauter Geschwätz«, fiel ich ihm brutal ins Wort.

»Ernest!« rief Mutter. »Untersteh dich, so mit deinem Vater zu reden.«

»Wenn er sich verhält, wie ein Vater sich gegenüber seinem Sohn zu verhalten hat, Mutter, werde ich mit ihm reden, wie ein Sohn mit seinem Vater zu reden hat«, sagte ich ruhig. »Frag dich selbst, Mutter, ob er das tut, ob er unsere Chance wahrt, uns zum Wohle der Spezies weiterentwickeln zu können.«

»Dein Vater war schon immer ein idealistischer junger Mann«, sagte Mutter, aber ich merkte, daß sie verunsichert war.

»Ich bin ein Wissenschaftler«, sagte Vater ruhig. »Ich bin der Ansicht, daß Forschungsergebnisse der Submenschheit allgemein zugänglich sein sollten, jedem, der wo auch immer natürliche Phänomene erforscht. Auf diese Weise können wir alle gemeinsam einen Fundus an Kenntnissen zusammentragen, aus dem jeder Nutzen zieht.«

»Natürlich, Vater«, sagte Wilbur, und Vater warf ihm einen dankbaren Blick zu.

»Ich bewundere deine Prinzipien, Vater«, sagte ich, »ehrlich. Doch erlaube mir zwei Bemerkungen. Erstens: Wieviel Unterstützung haben wir jemals von einem anderen Forscher bekommen? Ich bin zutiefst davon überzeugt, daß, falls es überhaupt welche gibt, sie eifersüchtig auf jeder nützlichen Erfindung sitzen, die sie gemacht haben. Die einzige Möglichkeit, ihnen etwas zu entlocken, besteht darin, einen Trumpf in Reserve zu haben … etwas, womit man handeln kann.«

»So ist es«, murmelte Wilbur zerknirscht, doch Vater saß steif und unnachgiebig da.

»Und zweitens«, fuhr ich fort, »ist die Erfindung noch in einer Anfangsphase. Sie hat bereits zu einer Katastrophe geführt. Selbst wenn wir sie zum Wohle der Spezies aus der Hand geben, wäre es wenig sinnvoll, das zu tun. Um ein Haar wären wir alle geröstet worden. Nur Vaters Geniestreich hat uns in letzter Sekunde gerettet.«

»Freut mich, daß du es bemerkt hast«, brummte Vater.

»Wäre es anständig«, sagte ich bedächtig, »wäre es anständig, Kreaturen, die unser Know-how nicht haben, dazu anzuleiten, sich eigenhändig zu braten? Und ist es im Interesse der Allgemeinheit, jedem, der im Grunde kaum mehr als ein Affe ist, die Mittel in die Hand zu geben, das ganze Land abzubrennen? Ein Waldbrand war schon schlimm genug – doch stellt euch Dutzende vor.«

Oswald schlug sich auf die Schenkel. »Du hast verdammt recht!« rief er. »Ein entsetzlicher Gedanke.«

Ich stellte mit Genugtuung fest, daß die andern auf meiner Seite waren. Alle. Griselda blickte mich mit glänzenden Augen an und klatschte begeistert in die Hände.

Sogar Mutter sagte: »Mir scheint, Edward, Ernest hat reiflich darüber nachgedacht. Meinst du nicht, daß wir es noch eine Weile für uns behalten sollten, bis wir sehen, an welchem Punkt wir angelangt sind?«

Vater blickte sie an und stand auf. Dann fixierte er mich, und ich hielt seinem Blick stand. »Mh ...«, sagte er. »So gedenkst du also die Partie zu gewinnen.«

»So gedenke ich sie zu gewinnen«, antwortete ich.

Vater blickte mich einen Moment lang grollend an; dann beherrschte er seinen Zorn, hob ironisch seine hervorstehenden, buschigen Brauen und kniff gleichzeitig die Augen zusammen, was für ihn typisch war in solchen Situationen.

»Wohlan denn, mein Sohn«, sagte er schlicht. Er wandte sich um und ging in die Höhle, wohin Mutter ihm ein paar Minuten später folgte.

Ich hörte sie bis spät in die Nacht traulich miteinander flüstern.

19

Frohgemut und dennoch bange fragte ich mich, in was für einer Stimmung Vater am nächsten Tag sein würde. War er wütend? Oder hatte er Vernunft angenommen? Es war zu erwarten, daß er verschnupft war, verdrießlicher Laune vielleicht, gebändigt jedenfalls. Ich war entschlossen, keinen Fußbreit nachzugeben. Ich hatte ihn herausgefordert, hatte ihn mit meinen Argumenten geschlagen und ihm das Vertrauen der Horde entzogen. Er war clever, er war schlau, er war mächtig ... aber er hatte seine Autorität und unseren Respekt mißbraucht. Diesmal würden wir uns seiner Willkür und seinen verantwortungslosen Machenschaften nicht beugen. In Zukunft würde sich überdies einiges ändern: Mit der Autokratie war es aus und vorbei; wichtige Entscheidungen würden fortan im Familienrat getroffen.

Griselda, des Lobes voll über meine Entschlossenheit, legte sich mächtig ins Zeug, um alle auf meine Seite zu bringen. Die halbe Nacht redete sie auf die anderen Frauen ein, um sie davon zu überzeugen, was für unvorstellbare Folgen es für ihre Kinder hätte, wenn wir zuließen, daß Vater das gefährliche Geheimnis der Feuererweckung auf eine entflammbare Welt losließ. Sie berichtete mir anschließend, daß alle – ausnahmslos – für strengste Kontrolle seien.

»Wir wollen das Feuer in der Familie behalten«, sagte sie. »Petronella spricht mit Wilbur. Weißt du, er ist im Grunde der gleichen Ansicht wie Vater. Ich halte ihn übrigens für ebenso clever wie deinen Vater, aber gefügiger. Er wird Mittel und Wege finden, die Erfindung sicherer zu machen, ja, und dann übernehmen wir die Vermarktung. Ich glaube nicht, daß wir von deinem Vater so abhängig sind, wie du glaubst.«

Am nächsten Tag war Vater jedoch wie üblich die Heiterkeit selbst und benahm sich zu meinem Erstaunen, als ob der große Familienkrach überhaupt nicht stattgefunden hätte. Er hatte für jeden ein herzliches Wort und beteiligte sich munter an den Vorbereitungen für den großen Treck zu neuen Jagdgründen, führte dann mit Oswald den Zug an, wobei er abwechslungsweise die Kinder huckepack trug. Oswald bestimmte die Marschrichtung, und Vater gab die Gangart an, eine gemächliche, aus Rücksicht auf die Frauen und Kinder und den Zustand unserer versengten Beine. Er bestand darauf, daß wir keine zu lange Strecke auf einmal zurücklegten, und suchte das Nachtquartier sorgfältig aus. Er erklärte, daß es nicht notwendig sei, darauf zu achten, ob sich in der Nähe notfalls zu erkletternde Bäume befänden – was einleuchtend war, denn sie waren ja ohnehin alle verkohlt. Er zog einen Kreis aus Feuern um das Camp, um den Beweis für seine These zu erbringen, daß uns nachts, auch wenn wir unter freiem Himmel nächtigten, keine Tiere angreifen würden. Es war alles in allem kein sehr schlüssiger Test, weil der Großteil der Waldtiere geflüchtet war und die meisten Raubkatzen, die sie zu jagen pflegten, ihnen gefolgt waren. Zwar stiegen zwei oder drei funkelnde Augenpaare aus dem nahegelegenen Sumpf, um uns kurz zu begutachten, und zwischendurch war natürlich verächtliches Grunzen und Schnaufen zu hören, doch was für Tiere es immer sein mochten, sie hielten sich in respektvoller Entfernung.

Wir waren hungrig, denn das Land war kahlgebrannt,

und die Frauen waren nach dem langen Marsch zu müde, um auf Nahrungssuche zu gehen. Wir mußten uns also mit Eidechsenkebabs und ein paar Krokodileiern begnügen. Um uns bei Laune zu halten, gab Vater Witze zum Besten und erzählte den Kindern Geschichten.

»Weint nicht, Kinderlein«, sagte er, »ich erzähle euch eine Geschichte, die von vielem, vielem Essen handelt. Es war einmal ein mächtiger Löwe; dieser Löwe war der gefürchtetste Jäger aller Zeiten. Keine Beute entkam ihm, und er konnte jedes Tier weit und breit im Urwald töten, denn sein Sprung war lautlos und blitzschnell und seine Krallen spitz und scharf. Er mochte die Jagd über alles, und jeden Tag zwei oder drei Tiere zu erlegen war für ihn ein Kinderspiel. Was ihn allerdings ärgerte, war, daß eine ganze Menge Volk darauf lauerte, von seinem Geschick zu profitieren. Selbst den anderen Löwen mißgönnte er einen Anteil an seiner Beute. Was ihn jedoch in Rage brachte, war, daß Hyänen, Schakale, Geier und Falken gleich zur Stelle waren, um seinen Schmaus mit ihm zu teilen – und auch die Affenmenschen, denn die Geschichte ereignete sich zu der Zeit, als auch wir noch Aasfresser waren. Ich habe die ganze Arbeit getan, grollte der Löwe, und diese nichtsnutzigen Faulpelze glauben, sich auf meine Kosten den Bauch vollschlagen zu können, ohne auch nur eine Zehe zu rühren. Warum soll ich mit ihnen teilen? Fällt mir nicht ein. Doch er erlegte soviel Wild, daß er das viele Fleisch unmöglich allein aufessen konnte. Kein Löwe kann das.

Er machte sich nun also daran, den Aasfressern, diesen Lüderjanen, den Garaus zu machen, aber dadurch wurde der Fleischberg nur noch größer. Da sagte er sich: Es gibt nur eine Möglichkeit, alles Fleisch für mich selbst zu behalten: Ich muß es aufessen. Gesagt, getan. Er aß und aß und aß und wurde rund und satt, aber er hörte nicht auf zu essen, bis ihm sterbensübel wurde. Obwohl er schreckliche Bauchschmerzen hatte und das Leben für ihn eine einzige Qual war, aß er weiter und wurde immer dicker und immer fetter; weil er aber glaubte, Schadenfreude sei die schönste Freude, und sich königlich über die enttäuschten Gesichter der Hyänen und Affenmenschen amüsierte, konnte er einfach nicht aufhören zu jagen und zu essen, zu jagen und zu essen. Eines Tages jedoch – er war noch gar nicht alt – war es aus mit ihm: Er starb. Und weil er inzwischen so riesig dick geworden war, gab er für die Geier, Schakale und Affenmenschen einen noch größeren Festschmaus ab, als wenn er seine Beute mit ihnen geteilt hätte, wie es sich gehört.«

»Woran ist er gestorben?« fragten die Kinder.

»An Herzverfettung, doch was seine Krankheit noch verschlimmert hatte, war sein Nächstenhaß«, sagte Vater und verschränkte die Hände über seinem leeren Magen, was für die anderen das eindeutige Zeichen war, sich friedlich schlafen zu legen.

Während der Reise war er mir und Griselda gegenüber ganz besonders aufmerksam. Er nutzte die Gelegenheit, uns zu zeigen, wie man Feuer macht und wie man die richtigen Steine auswählt, um reichlich Funken zu erzeugen. Er sagte, daß eine solide Ausbildung alles sei, was er uns nach seinem Tod zu hinterlassen hoffe, denn es könne jederzeit jedem passieren, auf eine grüne Mamba zu treten.

»Macht es euch zu eurem Lebensmotto, meine Lieben«, salbaderte er, »die Welt etwas besser zu hinterlassen, als ihr sie vorgefunden habt, und euren Kindern zu einem besseren Start zu verhelfen, als ihr selbst gehabt habt. Verlaßt euch nicht auf euren Nächsten. Lebt so, als hänge die Zukunft der Menschheit einzig von eurem Bemühen ab. Es könnte ja schließlich der Fall sein!

Wir leben in einer Zeit des Umbruchs, eines gewaltigen Umbruchs sogar. Die Beherrschung des Feuers ist nur der Anfang. Wenn wir auf dieser Grundlage aufbauen wollen, braucht es Vorstellungsvermögen, Planung und Organisation. Nach den Naturwissenschaften die Sozialwissenschaften. Wer weiß, wer von uns das große Privileg haben wird zu entdecken, wie die Energien des Affenmenschen gezielt für die Evolution eingesetzt werden können, und daher der erste sein wird, der uns auf den einzigen Weg zum Menschsein führt. Denkt darüber nach, meine Lieben. Ich habe das größte Vertrauen in euch beide. Ich bezweifle, daß ich diesen Tag erleben werde, ihr aber schon – das strahlende goldene Zeitalter, das uns für unsere Mühen entschädigt: Endlich ganz und gar Mensch sein, der homo sapiens! Ich werde langsam alt, ich weiß, doch wenn ich spüre, daß meine bescheidenen Anstrengungen dazu beigetragen haben, euch und die Euren auf diesen Weg gebracht zu haben, werde ich glücklich sterben.«

Er schaute uns mit dem gleichen ironisch-herausfordernden Blick an, mit dem er mich nach dem Familienzwist gemustert hatte, und entfernte sich schlenkernd.

Nach einer Weile sagte Griselda: »Ernest, wir können das Monopol des Feuermachens vergessen. Vater wird es wie bisher in alle vier Himmelsrichtungen verkünden.«

»Er wird es nicht wagen«, rief ich aus. »Die Horde ist dagegen.«

»Doch, er wird«, sagte sie verbittert. »Er ist davon überzeugt, daß er besser weiß als alle andern, was für die Horde gut ist. Ja, er wird uns hereinlegen. Er hat es uns geradezu angekündigt. Hast du es nicht gemerkt? Er hat uns gewarnt, es ja nicht zu versuchen, ihn daran zu hindern.«

Ich dachte angestrengt nach. Je angestrengter ich nachdachte, desto deutlicher sah ich ein, daß Griselda recht hatte. Vaters ganzes Benehmen, seine Liebenswürdigkeit, seine katzenfreundliche Art, in Andeutungen zu reden, die listigen Seitenhiebe, die gespielte Fürsorglichkeit, alles lief auf eins hinaus: Er hatte sich entschlossen, uns reinzulegen, und es war ihm schnurzpiepegal, was wir dachten oder taten. Wäre er wütend gewesen, hätte er getobt und uns verprügelt, hätten wir gewußt, daß alles in Ordnung war, daß er sich unserer Entscheidung gebeugt hatte. Doch nein: Er hatte die Absicht, uns zu hintergehen.

»Wie auch immer, ich sehe keine Möglichkeit, ihm das Handwerk zu legen«, sagte ich.

Griselda schwieg nachdenklich, stöhnte nur ab und zu leise, wenn sich das Kind in ihrem Bauch rührte. Sie stand kurz vor der Niederkunft, und sie kam nur noch langsam vorwärts. Schließlich sagte sie: »Ernest, glaubst du wirklich an all die Geschichten? Daß man zu diesem Traumort geht, wenn man tot ist? In diese anderen Jagdgründe, die wir, wie du sagst, in unserem Schlaf besuchen?«

»Es ist eine Hypothese, ebenso gut wie jede andere«, sagte ich. »Wir müssen schließlich irgendwo hingehen – unser Schatten, meine ich.«

»Unser Schatten?«

»Eine Art innerer Schatten. Es gibt ihn, diesen inneren Schatten, denn wenn wir schlafen, unternimmt er alle möglichen Abenteuer. Ich hab dir ja davon erzählt.«

»Aber«, sagte sie, »das, was wir im Traum tun, ist so wunderlich. Unwirklich.«

»Manchmal kommt es einem nur allzu wirklich vor«, sagte ich. »Also muß es wirklich sein. Es ist wie das Spiegelbild unseres Körpers, wenn wir uns in einem Teich betrachten, verzerrt und geriffelt. Möglicherweise sehen unsere Körper von jener Welt aus betrachtet ebenso verzerrt und unkörperlich aus. Etwas muß doch mit diesem inneren Schatten geschehen, wenn der Körper aufgegessen wird und Teil von jemand anders wird ... Aber was? Wohin geht er?

Wir kennen nur diesen anderen, bruchstückhaften Jagdgrund, an den wir uns beim Aufwachen erinnern. Vernünftig anzunehmen also, daß wir dorthin gehen. Wohin denn sonst? Eine Hypothese, ebenso gut wie jede andere.«

»Eine ziemlich bedeutsame Hypothese, in gewisser Hinsicht«, sagte Griselda nachdenklich.

»In was für einer Hinsicht?«

»Ich meine, es fügt niemandem Schaden zu, wenn ... well ... wenn man ihn dorthin schickt. Man verliert dadurch nur wenig, oder? Wenn man in den anderen Jagdgründen einen Spiegelkörper bekommt.«

»Nein«, sagte ich. »Das heißt, wenn man süße Träume und keine Alpträume hat.«

»Meinst du, daß dein Vater süße Träume hat?« fragte Griselda beiläufig. »Nur als Beispiel ...«

Mein Herz begann heftiger zu schlagen. Über die Antwort brauchte ich nicht nachzudenken. Sie war offenkundig: All die Bilder von Vater – wie er jagt, experimentiert, rührig umhereilt – drängten sich in meinem Kopf und fügten sich zu einem Ganzen!

»Ja«, sagte ich. »Ja, Griselda. Vater hat süße Träume.«

20

Der riesige Buschbrand war schließlich in einem kahlen Landstrich erloschen, wo das vulkanische Gestein nur von einer dünnen Erdschicht bedeckt war. Dort gab es nicht genügend Wild, um eine so große Horde wie die unsere zu ernähren, denn wir hatten uns in der Zwischenzeit ziemlich vermehrt. Mir war ein strammer Sohn geboren worden und Oswald ebenfalls; Alexander seinerseits war ganz vernarrt in seine Zwillingstöchter. Wilbur rechnete täglich damit, Vater zu werden. Tante Mildred war ebenfalls guter Hoffnung.

»Die viele Musik ist es gewesen«, sagte sie glücklich, »und die Art und Weise, wie die Mädchen fortgeschleppt worden sind. Wanja hat gesagt, das sei die einzige Art, die Dinge anzupacken, genau so habe man es angepackt, als er noch ein Affenbursche war, und er hat sich in den Kopf gesetzt, mich zu überwältigen und in ein Gebüsch zu schleppen.«

Vater war entzückt über die neuen Babys; er fuhr zärtlich prüfend mit den Fingern über ihre Köpfchen. »Sie sind noch klein«, sagte er, »aber niedlich und weich, sie werden schon noch größer. Ihr Frauen dürft euch nicht beirren lassen, wenn das Kinderkriegen im Laufe der Zeit beschwerlicher wird. Ohne Fleiß kein Preis. Das gehört eben zur Evolution.«

Wir kämpften uns Tag für Tag mühsam vorwärts, marschierten und jagten, während wir marschierten. Schließlich erreichten wir den Kamm einer großen, bewaldeten Hügelkette, von wo aus man auf eine wogende Ebene hinabblickte, die von glitzernden Flußläufen durchschnitten wurde; dazwischen breiteten sich in der Sonne blitzende Seen aus, tiefgrüne Sümpfe und Tausende Quadratmeilen Jagdgrund, mit Wäldern und Buschwerk durchsetztes Grasland, da und dort ragten spitze Felsen empor, und dahinter erstreckte sich eine weitere felsige Hügelkette.

»Wild!« schrie Oswald. »Ich sehe es! Ich rieche es! Ich kann es fast treffen!« Und er schwenkte aufgeregt seinen Speer.

»Und dort ist das Kalkgestein mit den Höhlen«, rief Wilbur und zeigte auf die Bergkuppen.

»Das gelobte Land«, stellte ich fest.

Vater lächelte, sagte aber nichts, kniff bloß die Augen zusammen und betrachtete im gleißenden Gegenlicht der untergehenden Sonne die Landschaft zu seinen Füßen.

»Well«, sagte er schließlich mit einem tiefen Seufzer, »laßt uns hinuntersteigen.«

Es war genau, wie wir es uns vorgestellt hatten. Obwohl es schon spät war, aßen wir an jenem Abend erstklassigen Wildbraten, und zwar reichlich. Ich erwachte jedoch im Morgengrauen mit dem undeutlichen Gefühl, daß etwas nicht stimmte. Ich sprang auf und sah, daß auch die anderen aufgewacht waren und nach ihren Speeren tasteten – die aber waren weg. Mein Herz plumpste mir in die Kniekehle, als ich feststellte, daß eine Horde Fremder uns in einem Halbkreis umstand. Sie schauten nicht eben freundlich drein; sie waren in der Überzahl – und hielten überdies unsere Speere in der Hand. Dann sah ich, daß Vater ernst auf einen älteren Affenmenschen einredete, der offensichtlich der Hordenvater war.

»Parlez-vous français, Monsieur?« sagte Vater eben

liebenswürdig. »Sprechen Sie Deutsch, mein Herr? Habla español, Señor? Kia ap hindi bol secte ho? Aut latina aut graeca lingua loquimini? Natürlich nicht ...« Vater schlug sich mit der Hand auf die Stirn. »Zurück zur alten Gestensprache also«, fügte er hinzu, als der andere bei jeder Frage den Kopf schüttelte.

Es war eine langwierige Prozedur; die anderen zeigten abwechslungsweise auf die Bäume, auf das Gras, die Speere, die Söhne, die Knochen des Rehbocks, den wir am Abend zuvor gegessen hatten, auf unsere Bäuche, auf ihre Bäuche.

Immerhin, bis zum Nachmittag hatten sie ziemliche Fortschritte gemacht, und die Spannung hatte sich zusehends gelockert. Bei Einbruch der Nacht waren sie fast höflich; sie brachten uns sogar ein bißchen Essen – rohes allerdings. Wir hatten über Nacht das Feuer ausgehen lassen, bliesen nun aber in die Asche, um die Glut anzufachen, während uns die Fremden mit größter Aufmerksamkeit beobachteten, und es gelang uns sogar, die karge Kost zu garen – ein paar Klippdachse, ein Kaninchen und eine große Schildkröte. Vater drängte dem Anführer ein paar Bissen Schildkrötenfleisch auf, und den rollenden Augen nach zu schließen, schmeckte es ihm.

»Well«, sagte Vater, als die Fremden sich etwas zurückzogen, wobei sie sorgfältig darauf achteten, alle unsere Speere mitzunehmen, »tut mir leid, daß es so lange gedauert hat; das ist eben der Nachteil der Universalsprachen: sie sind langsam, iterativ und arm an Nuancen. Die Ausgangslage ist immerhin klar und läßt sich folgendermaßen zusammenfassen: Kein Zutritt für Unbefugte.«

»Soll das heißen, daß sie die ganze Ebene für sich

allein beanspruchen?« schnaubte Oswald. »Eine Unverfrorenheit!«

»Er sagt, es reiche knapp«, sagte Vater. »Sie verfügen eben noch nicht über unsere fortgeschrittene Jagdtechnik. Und haben große Familien wie wir auch. Sie sagen, daß wir weiterziehen müssen. Ansonsten ...«

»Das ist doch absurd«, sagte ich. »Da ist doch jede Menge Platz für alle. Wie auch immer«, fügte ich hinzu, »da sie offenbar Hunger leiden, wage ich zu behaupten, daß sie sich so oder so ans ansonsten halten.«

»Die Verhandlungen sind noch nicht abgebrochen«, sagte Vater. »Die Gespräche werden morgen wiederaufgenommen. Es besteht weiterhin Grund zur Hoffnung, daß eine für beide Seiten befriedigende Einigung erreicht werden kann. Ich gedenke, in eurem Interesse und angesichts der Wichtigkeit des anstehenden Problems alle Möglichkeiten auszuschöpfen. In der Zwischenzeit, fürchte ich, müssen wir es uns zur Ehrensache machen, keine Fluchtversuche zu unternehmen. Sie haben Wachen aufgestellt.«

»Dreckige Kanaken«, brummte Oswald.

Wir legten uns in bedrückter Stimmung schlafen.

Der nächste Tag war eine Wiederholung des vorangehenden. Die zwei Bevollmächtigten hockten abseits, gestikulierten, sprangen zwischendurch auf und ahmten anschaulich bestimmte Tätigkeiten nach wie zum Beispiel Steineklopfen oder Gurgeldurchschneiden; wir anderen saßen finster um die Asche unseres Feuers, weil uns verboten war, Brennmaterial sammeln zu gehen. Oswald hatte nämlich unter diesem Vorwand versucht, sich einen Knüppel zu beschaffen, war jedoch ohne langes Federlesen mit einer Speerspitze zurückgedrängt worden.

»Dreckige Kanaken«, grollte er; das war in Kürze sein Lieblingsausdruck geworden.

Es gab wenig zu essen an dem Tag, doch Vater kehrte bei Sonnenuntergang deutlich zuversichtlicher von der Konferenz zurück.

»Es besteht eine Chance«, sagte er. »Eine echte Chance; ich bin nicht pessimistisch.«

»Werden sie uns hierbleiben lassen?« fragte ich.

»Wenn die Gespräche abgeschlossen sind, wird ein ausführliches Kommuniqué herausgegeben werden«, sagte Vater meiner Meinung nach etwas gar zu hochtrabend. »Inzwischen dürft ihr keinerlei Stellungnahme von mir erwarten, die sich nachträglich als voreilig erweisen könnte.«

Am folgenden Tag war offenkundig, daß in Kürze eine Einigung zu erwarten war. Zwischen den zwei Hordenvätern schien bestes Einvernehmen zu herrschen; sie lachten, machten Witze und klopften sich gegenseitig auf die Schultern. Schließlich standen sie auf und verschwanden im Busch. Da die beiden nicht auftauchten, begannen wir uns ernsthafte Sorgen zu machen. Die Stunden vergingen. Mir war nicht ganz geheuer zumute. Doch, vom Hunger geschwächt, konnten wir nichts unternehmen – und waren zudem von gutbewaffneten, gutgenährten Feinden umzingelt.

Doch … was war das? Mein Herz stand still: Zwischen den Bäumen stiegen kräuselnde Wolken auf.

Schicksalergeben warten wir mit hängenden Köpfen auf das unweigerliche Ende. Da sahen wir plötzlich Vater fröhlich auf uns zukommen. Allein. »Alles in Ordnung«, sagte er. »Alles unter Kontrolle. Die einzelnen Punkte des Agreements sind – ehm – sind besiegelt, der Vertrag wird morgen mit einem großen Fest ratifiziert, und, Liebe«, wandte er sich an Mutter, »ich wäre dir zu größtem Dank verpflichtet, wenn du dir ganz besondere Mühe geben könntest mit deiner berühmten Tortue rôtie en carapace à la bohémienne. Sie war während dieser schwierigen Verhandlungen der rettende Köder, und ich weiß wirklich nicht, ob ich ohne sie eine Einigung zuwege gebracht hätte.«

»Bestens, doch was beinhaltet die Vereinbarung«, fragte ich.

»Punkt eins«, sagte Vater feierlich. »Die Hälfte der Ebene wird uns zu Jagdzwecken überlassen; eine eigens dafür gebildete konstituierende Kommission soll die Grenzen festlegen, die notwendigen Vorkehrungen sind bereits getroffen worden.«

»Die Hälfte? Sehr gut«, sagte Oswald.

»Punkt zwei«, fuhr Vater fort. »Die einzelnen Parteien verpflichten sich, nicht im Territorium der jeweiligen anderen Partei zu wildern. Punkt drei: Die steilen Parzellen an den westlichen Ausläufern stehen uns zu.«

»Dort, wo die Kalksteinhöhlen sind«, stellte Wilbur mit Genugtuung fest. »Warum haben sie das Gebiet abgegeben?«

»Es wimmelt dort von Höhlenbären«, sagte Vater strahlend. »Der Alte war ganz versessen, sie uns zu überlassen. Sie verfügen zwar über ein paar kleine Verstecke hoch oben in einer Felswand, nur ein paar Meilen von hier, aber sogar dort werden ihre Babys ständig von Leoparden geschnappt. Er hat natürlich keine Ahnung, daß wir mit Bären umzugehen wissen.«

»Gut gemacht«, sagte ich anerkennend.

»Nicht schlecht, was? Vorläufig ist er davon überzeugt, daß er uns hereingelegt hat. Punkt vier: Die Horden pflegen freundschaftliche Kontakte. Es steht ihnen frei, gemäß ihren eigenen Vorstellungen zu evolvieren. Sie werden sich untereinander exogam verschwägern und gemeinsam Friede, Fortschritt und Wohlstand anstreben. Das wär's. Na ja, solche Dinge schließen bekanntlich immer mit einer Rodomontade.«

»Und was ist mit Punkt fünf?« fragte Griselda scharf. »Oder ist das vielleicht eine Geheimklausel?«

»Punkt fünf?« fragte Vater. »Was meinst du damit?«

»Punkt fünf«, wiederholte Griselda, »in dem vereinbart wird, daß die Horde, die weiß, wie man Feuer macht, der Horde, die es nicht weiß, das Geheimnis aushändigt.«

»Das ist nicht eigentlich Bestandteil des Vertrages«, sagte Vater. »Doch es war nur recht und billig ...«

Die verräterische Rauchfahne! Und wir Dummköpfe hatten geglaubt, Vater sei in Gefahr!

»Du hast ihnen erzählt, wie man Feuer macht?« schrie ich. »Ohne uns zu fragen? Kein Wunder, daß du einen so großartigen Vertrag ausgehandelt hast. Du ... du ...«

»Ich weiß, ich habe euch nicht konsultiert, mein Junge«, sagte Vater ruhig. »Doch du wirst zugeben, daß wir in einer ziemlich schwierigen Position waren. Ich mußte etwas zum Tauschen haben, und ich war heilfroh, daß ich eben das zum Tauschen hatte.«

»Das glaub ich nicht«, tobte ich. »Du warst nicht gezwungen, es ihnen zu geben. Jetzt sind sie gleich weit. Abgesehen davon, du hättest es ihnen ohnehin gegeben, das weißt du ganz genau. Du wolltest es ihnen geben.«

»Ich mußte es ihnen geben«, sagte Vater.

»Wie sollen wir das glauben?« zischte Griselda. »Wie können wir wissen, daß ernsthafte Gefahr bestand? Daß du das Ganze nicht zusammengeschwindelt hast ... oder das meiste?«

Vater zuckte die Schultern. »Das ist doch absurd. Solche Dinge lassen sich nicht geheimhalten. Feuer wird für die nächsten Generationen die Selbstverständlichkeit sein. Über etwas ganz anderes müssen wir nachdenken, über etwas Neues, was nicht alltäglich ist. Wenn wir vorankommen wollen.«

»Du hast unser Erstgeburtsrecht verschenkt«, sagte ich. »Du hast eine tödliche Waffe in die Hände eines primitiven Volkes gelegt. Du ...«

»Ob sie auch vorsichtig sind damit?« fragte Mutter.

»Absolut«, sagte Vater ernst. »Ich habe äußerst detaillierte Gebrauchsanweisungen gegeben. Zu bestimmten Bedingungen natürlich: das beste Jagdrevier in ganz Afrika. Was meint ihr? Laßt uns jetzt auf die Jagd gehen. Ich bin halbtot vor Hunger.«

21

Vater hatte uns einmal mehr hintergangen. Und wir konnten nichts dagegen tun. Die Jagd war ausgezeichnet, und die Höhlen hätten wir uns komfortabler nicht vorstellen können – wir bezogen eine ganze Höhlenzeile in Nordlage mit sonniger Aussicht. Aber es war demütigend, mitansehen zu müssen, wie unsere Nachbarn, die vor kurzem noch primitive Hinterwäldler gewesen waren, nun an allen Ecken und Enden Feuer machten und ständig aufkreuzten, um Rezepte für Côte d'antelope à la manière du chef zu tauschen oder uns zu einer Grillparty einzuladen. Vater beteuerte, ach, es seien doch so reizende Leute. Und wenn sie – unweigerlich – den Großteil ihres Weidelandes niederbrannten, tat er das unbekümmert mit der Bemerkung ab, Fehler kämen in den besten Familien vor. Ja, er bestand sogar darauf, ihnen entgegenkommenderweise ein einjähriges Jagdrecht auf unserer Seite der Grenze einzuräumen. Er hat, leider, zeit seines Lebens nicht die kleinste Ahnung davon gehabt, was sich für Leute unseres gesellschaftlichen Ranges geziemt.

Griselda war äußerst erbittert darüber. Sie war im übrigen fest davon überzeugt, daß der unfreundliche Empfang damals bei unserer Ankunft nichts anderes gewesen sei als ein perfekt inszenierter Kuhhandel.

»Ich kenne deinen Vater«, sagte sie finster »oh, ich weiß, wozu er imstande ist.«

Sie ließ sich nicht davon abbringen, daß Vater fahrlässig gehandelt hatte – selbst wenn wir tatsächlich in Gefahr gewesen sein sollten. Und wenn ich an die Geschichte mit Elsie zurückdachte, mußte ich ihr beipflichten.

»Wir hätten ihnen gleich zeigen müssen, was für Zauberer wir mit dem Feuer sind«, sagte sie, »und die hätten sich vor Schreck nicht getraut, uns auch nur anzurühren, diese elenden Wilden. Wir hätten auf unsere moralische Überlegenheit pochen müssen – was im übrigen auch das leidige Dienstbotenproblem gelöst hätte. Ich müßte verflixt nicht alle Schmutzarbeit in den Höhlen selber machen, wenn diese garstigen Dinger von gegenüber mich um jedes Keulenschnitzel bitten müßten.«

»Laß Vater ja nicht aus den Augen«, warnte sie mich immer wieder. »Er kann es nicht lassen. Denk an meine Worte! Der Alte wird zu einer echten Gefahr für die Horde.«

Ich sagte mir, daß sie übertrieb, aber letzten Endes mußte ich zugeben, daß sie recht hatte.

Kaum hatten wir uns in unserem neuen Zuhause eingerichtet, nahm Vater seine Experimente wieder auf. Er wollte nicht verraten, hinter was er her war, und lange Zeit schien nichts dabei herauszuschauen.

Im übrigen erheischten aufregende Neuerungen unsere volle Aufmerksamkeit. Wilbur hatte eine paläolithische Werkzeugfabrik großen Stils aufgebaut und beschäftigte Dutzende von Facharbeitern, doch die afrikaweite Nachfrage nach seinen eiförmigen Handäxten war so groß, daß er mit Liefern kaum nachkam. Alexander seinerseits ging ganz neue Wege im Innenausstattungsbereich; er entwarf stilvolle Höhlendekorationen und kreierte eine ganze Palette neuer Ockerpigmentfarben. Meiner Ansicht nach haben seine Wandgemälde einen viel größeren Einfluß auf die Jagd gehabt als die Schlingen, diese sogenannten bolas, mit denen wir das Wild fingen, und die Hornspeerspitzen, mit denen wir es erlegten. Nur Williams Bemühungen, den Jagdhund zu entwickeln, blieben weiterhin erfolglos, wobei ich ehrlich zugeben muß, daß seine hartnäckigen Versuche amüsante Abwechslung in den Alltag brachten.

»Der Hund oder nichts«, beharrte er, wenn wir seine blutenden Beine mit Aronstabblättern verbanden. »Güte und Strenge – das ist der Weg. Es muß sein.« Er ließ sich nicht davon überzeugen, daß der Gedanke schimärisch war. Mutters Erfindung hingegen, eine geräumige Handtasche aus Zebrafell, war wesentlich zweckmäßiger. Viel Aufhebens wurde zudem vom neuen Spleen der Frauen gemacht, die sich neuerdings in Tierfelle hüllten. Sie besuchten sich ständig gegenseitig in den Höhlen und gluckten entzückt: »Oh, wie findest du das? Ist der letzte Schrei!« Oder sie jammerten: »Mein hübscher Leopard ist brettsteif geworden, und schau doch, wie diesem Affen die Haare ausfallen. Was kann ich bloß dagegen tun?«

Es war im übrigen Griselda, die diesen Unfug eingeführt hatte – den Oswald und ich zutiefst mißbilligten, was allerdings niemand kümmerte.

»Gehabt euch doch nicht wie der alte Wanja«, lautete unweigerlich die Antwort auf unsere Vorhaltungen. Doch es war deutlich vorauszusehen, wohin solch dekadente Frivolität führt: Inzwischen meint jeder Schnösel, mit einem Feigenblatt herumspazieren zu müssen.

So verging die Zeit, bis eines Tages Vater zu mir kam und sagte: »Ich muß dir etwas zeigen, mein Junge.«

Am triumphierenden Unterton in seiner Stimme erkannte ich gleich, daß uns wieder einmal Ärger bevorstand. Ich folgte ihm also ein gutes Stück in den Wald, bis wir zu einer Lichtung gelangten.

»Meine kleine Werkstatt«, sagte Vater und rieb sich mit verhaltenem Stolz die Hände. Er zeigte auf eine ganze Reihe kleiner Stapel aus drei bis fünf Fuß langen Ästen. Jeder Stapel war sorgfältig mit Blättern von verschiedenen Bäumen etikettiert.

»Ein ganz schönes Stück Arbeit«, sagte Vater. »Schau, hier: Zuerst habe ich Kampferholz genommen, habe es dann mit Grünharzholz versucht, dann mit Gelbholz, mit Eisenholz, mit Nijeholz, mit der Ölweide, der Stinkzeder, dem Sandelbaum, dem Pimentbaum ... Ich habe es sogar mit Ebenholz, mit Mahagoni und Teak, mit Akazie versucht. Angefangen habe ich natürlich mit Bambus, doch einmal davon abgesehen, daß ich dadurch überhaupt auf das Prinzip gekommen bin, ist es ein absolut unbrauchbares Material. Möglich, daß es im Bausektor eine Zukunft hat, aber ich für meinen Teil hasse es schlicht. Ich habe auch mit Ekusamba experimentiert, mit Ngulu, mit Ndindy, doch erst bei der Eibe hatte ich das Gefühl, etwas wirklich Wegweisendes in der Hand zu halten. Also habe ich mich auf die Eibe konzentriert! Das hier sind alles Eibenäste. Wenn das Holz zu grün ist, ist es nicht genügend elastisch, wenn es abgestorben ist, bricht es. Man muß es im genau richtigen Zeitpunkt schneiden; die Lagerung verbessert die Qualität zusätzlich, aber damit bin ich noch nicht sehr weit. Und hier, schau, das sind die Resultate meiner Bespannungsversuche. Ich habe alles Erdenkliche ausprobiert: Am besten eignen sich Schenkelsehnen von Elefanten, an zweiter Stelle kommen gleich die Luftwurzeln der Vanilleorchidee. Für den Schaft taugt jedes gute, gradwüchsige Holz, Sandelholz zum Beispiel.

Hartholz ist ungeeignet; es hat zwar ein gutes Durchdringungsvermögen, reduziert aber die Reichweite beträchtlich.«

»Wovon sprichst du?« unterbrach ich nach einer Weile Vaters langatmige Ausführungen.

»Vom Bogenschießen«, sagte Vater schlicht. »Es ist zwar noch etwas der Zeit voraus, zugegeben, aber ich wollte trotzdem ein bißchen damit experimentieren. Ich weiß, Wilbur hat euch mit Fangschlingen ausgerüstet, diesen bolas, na ja, und ich möchte wetten, daß Oswald gelegentlich über das Bumerangprinzip stolpert, sobald er Krampfadern an den Beinen hat wie ich. Dies hier jedoch, das ist die Waffe schlechthin. Willst du sehen?«

Und Vater hob zum ersten Mal in der Geschichte der Menschheit feierlich den Bogen! Zugegeben, es war ein unförmiges, klobiges Ding, kaum vier Fuß lang, an einem Ende stärker gebogen als in der Mitte, mit mehreren knorrigen Stellen und einer lächerlich schlaffen Sehne. Aber es funktionierte! Er legte einen Prototyppfeil auf, spannte den Bogen und ließ los. Das Projektil schnellte davon und fiel etwa hundert Fuß entfernt auf die Erde. »Ich treffe sogar weiter«, sagte Vater, der mein Staunen offensichtlich genoß. »Diese Sehne ist nicht viel wert. Versuch's mal.«

Nach ein paar Fehlversuchen schoß ich tatsächlich einen Pfeil siebzig Fuß weit.

»Was hältst du davon?« sagte Vater. »Vergiß nicht, es handelt sich erst um ein Versuchsmodell.«

»Großartig, Vater, absolut großartig«, sagte ich düster. Ich betrachtete traurig den alten Mann vor mir: Das war das Ende. Das endgültige Ende.

»Wir feiern den Tag mit einem großen Fest«, sagte Vater aufgeräumt.

»Selbstverständlich, ein großes Fest«, sagte ich bedrückt.

»Ich wollte es eigentlich zuerst Oswald zeigen«, fuhr Vater fort, »weil das eher in seinen Zuständigkeitsbereich fällt, doch er ist heute auf der Jagd, und ich mußte es einfach jemand zeigen.«

»Ich werde Oswald davon berichten«, sagte ich.

Was ich auch tat. Und auch Griselda.

Was wir zu tun hatten, war eindeutig. Es bedurfte nur einer einzigen praktischen Demonstration von Pfeil und Bogen, um Oswald zu überzeugen. Oswald war unbestritten der beste Jäger weit und breit, schneller und treffsicherer als jedermann sonst.

»Wenn alle ein solches Ding besitzen, bist du ein ebenso guter Schütze und ein ebenso guter Jäger wie jeder hergelaufene Mistkerl. Nicht besser, nicht schlechter. Kraft und Geschicklichkeit zählen nicht mehr.« Mehr brauchte ich nicht zu sagen.

»Das bedeutet das Ende jeder echten Begabung und jeglichen Sportgeistes ... wenn jeder drittklassige Lump sich für die Großwildjagd Bogen und Köcher besorgen kann. Was, um alles in der Welt, ist in Vater gefahren?« sagte Oswald. »Was machen wir jetzt?«

»Ich fürchte, wie auch immer, was auch immer, wir müssen schnell handeln«, sagte ich. »Erinnerst du dich ans Feuer?«

»Heiliges Megatherium! Ich darf gar nicht daran denken! Du mußt dir etwas einfallen lassen, Ernest.«

»Habe ich!«

»Was denn?«

»Beim nächsten Testschießen«, sagte ich, »wird es wohl einen Unfall geben müssen.«

Oswald wurde kreidebleich.

»Du meinst doch nicht ...«

»Hast du einen besseren Vorschlag?«

»Aber ...«

»Ich weiß, ich weiß«, sagte ich. »Doch er ist mittlerweile ein alter Mann. Er würde es ohnehin nicht mehr sehr lange machen. Er hätte sich schon längst zur Ruhe setzen sollen, doch du kennst ihn ja. Glaub mir, Oswald, es ist für ihn am besten so. In den jenseitigen Jagdgründen wird er sich viel wohler fühlen. Laß ihn doch dort mit Pfeil und Bogen spielen. Die drüben werden einen ziemlichen Schock haben, vermute ich. Doch was hat er zu verlieren? Die ihm noch verbleibenden paar Jährchen in der Nicht-Traumwelt? Seine Krampfadern machen ihm in letzter Zeit sehr zu schaffen.«

»Ich kenne deine Theorien«, sagte Oswald langsam. »Wir sterben nicht. Wir gehen hinüber. Das ist tröstlich bei dieser ... bei dieser schmerzlichen Pflicht. Sie widerstrebt mir, doch ich fürchte, du hast recht. Wir handeln zum Schutze der Allgemeinheit.«

»Gut gesprochen, Oswald«, sagte ich herzlich. Die Erfahrung und Verantwortung der letzten Jahre hatten meinen Bruder zum Mann gemacht.

»Ich kümmere mich um alles«, fügte ich hinzu.

»Und dann können wir diese Infamie vernichten.«

»Sagen wir einmal, sie geheimhalten zumindest ...« antwortete ich zufrieden.

Oswald machte ein paar Verbesserungsvorschläge für die Waffe – ich habe vergessen, was es genau war, irgend etwas mit Federn am Geschoß, glaub ich. Vater war hocherfreut.

»Forschung ist Teamwork«, sagte er immer wieder.

Die ersten Testversuche verliefen zu voller Zufriedenheit aller Beteiligten. Doch dann, als ich an der Reihe war, ging etwas schief: Die Feder löste sich, oder der Schaft war krumm … Vater wollte seinen Pfeil aufheben und lief unglücklicherweise direkt in die Schußlinie.

Er fiel ohne ein Aufmucken zu Boden.

Epilog

Daß Vater zum Abschluß des Festes keine Rede halten konnte, stimmte uns alle traurig. Ich war sicher, daß er sich bestimmt gewünscht hätte, daß ich ein paar Worte sage. Was ich auch tat: über die Pflicht, unermüdlich danach zu streben, wirklich Mensch zu sein, daß wir seinem leuchtenden Beispiel folgen mußten, und über die Notwendigkeit, den Fortschritt durch weise Voraussicht in vernünftige Bahnen zu lenken. Ich spürte ihn in mir, spürte, wie er die Sätze formulierte und mir die Folgerungen einflüsterte. Ich setzte mich unter allgemeinem Applaus.

Mutter, die Ärmste, war in Tränen aufgelöst. »Es hörte sich genau so an wie der arme, liebe Vater«, schluchzte sie. »Ich hoffe nur, daß du etwas vorsichtiger bist, als er es war.«

Dies, mein Sohn, war Vaters leibliches Ende – das Ende, das er sich selbst gewünscht hätte: von einer wirklich neuen Waffe getroffen zu fallen und auf zivilisierte Art und Weise gegessen zu werden. So sicherten wir das Überleben sowohl seines Körpers als auch seines Schattens. Er lebt in uns fort, während sein innerer Schatten in den Jagdgründen jener anderen Welt wohl den Traumelefanten die Ohren langzieht. Es überrascht mich keineswegs, daß du ihm dort ein- oder zweimal begegnet bist, und auch nicht, daß er dich beeindruckt hat. Denn weißt du, er hatte auch sehr einnehmende Seiten.

Er war – und so wollen wir ihn in Erinnerung behalten – der größte Affenmensch des Pleistozäns. Das will etwas heißen. Ich habe dir diese Geschichte erzählt, damit du weißt, wie sehr wir ihm alle zu Dank verpflichtet sind für den Komfort und die vielen Annehmlichkeiten, die uns das Leben erleichtern. Er war vielleicht eher ein praktischer denn ein spekulativer Geist, doch vergessen wir seinen unbeirrbaren Glauben in die Zukunft nicht, und erinnern wir uns daran, daß er durch seinen Hinschied dazu beigetragen hat, die grundlegenden sozialen Institutionen des Parricids und der Patriphagie zu entwickeln, die die Kontinuität der Gemeinschaft und des Individuums gewährleisten. Ja, er war tatsächlich der mächtigste Baum im Wald, und du tust gut daran, seiner zu gedenken, wenn du daran vorbeigehst. Vielleicht denkt auch er an dich.

Aber nicht er ist es gewesen, nein, der die Welt erschaffen hat. Wer es war? Ich fürchte, das ist eine ganz andere Frage, auf die ich jetzt nicht eingehen möchte. Zum einen ist sie sehr kompliziert, ja sogar umstritten.

Und zum anderen ist für dich längst Zeit zum schlafen gehen.

Ende des Pleistozäns